Bollwerk der Freiheit

60 Jahre
Bayerische Verfassung
Bayerischer Landtag

Michael Henker, Matthias Bachmann, Wolfgang Reinicke

Begleitpublikation zur Ausstellung des Bayerischen Landtags
und des Hauses der Bayerischen Geschichte

Mit einem Beitrag von Peter Jakob Kock

Haus der Bayerischen Geschichte

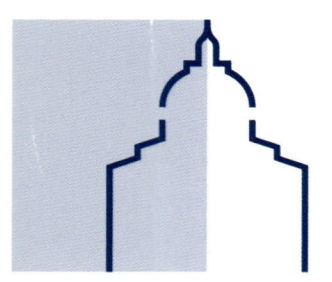

Hefte zur Bayerischen Geschichte und Kultur 35
Herausgegeben vom Haus der Bayerischen Geschichte

© 2006 Bayerisches Staatsministerium für Wissenschaft, Forschung und Kunst
Haus der Bayerischen Geschichte, Augsburg
www.hdbg.de

Redaktion: Evamaria Brockhoff, Christof Hangkofer
Gestaltung und Produktion: Grafisches Atelier Wolfgang Felber, Ottobrunn
Umschlaggestaltung: Wolfgang Felber, unter Verwendung des Plakatmotivs
Titelvignette: Detail aus „W. Hoegner und A. Pfeiffer bei der Sitzungsvorbereitung" S. 30
Druck und Bindung: Aumüller Druck KG, Regensburg
Alle Rechte vorbehalten
Printed in Germany
ISBN 3-937974-14-8

Gedruckt auf umweltschonend hergestelltem Papier „Symbol Freelife Satin"
von Fedrigoni Deutschland GmbH, Unterhaching

Inhalt

Vorwort

Dieses Heft dient als Begleitpublikation zur Wanderausstellung „Bollwerk der Freiheit: 60 Jahre Bayerische Verfassung/60 Jahre Bayerischer Landtag", die auf Anregung von Landtagspräsident Alois Glück vom Haus der Bayerischen Geschichte in Zusammenarbeit mit dem Landtagsamt des Bayerischen Landtags konzipiert wurde. Es knüpft zugleich an frühere Projekte des Hauses der Bayerischen Geschichte zu diesem Themenkreis an; so an die große Internetplattform und die CD-ROM zur Geschichte des Bayerischen Parlaments 1819–2003 oder an das Heft „Auf dem Weg zum Grundgesetz", das den Katalog zur Dauerausstellung „Stationen deutscher Nachkriegsgeschichte. Verfassungskonvent Herrenchiemsee 1948" bildet. Die große Wanderausstellung „Angesichts des Trümmerfeldes …", die anlässlich des 40. Jahrestags der Bayerischen Verfassung in fast 40 Orten in Bayern gezeigt wurde, gehört ebenso in diese Reihe wie die Ausstellung „50 Jahre Freiheit, Friede, Recht. Bayern seit 1945". Sie erinnerte 1995 in der Bayerischen Staatskanzlei an das Ende des Zweiten Weltkriegs und wurde durch die Publikation „Bayern nach dem Krieg: Photographien 1945–1950" ergänzt.

Am 1. Dezember 1946 wurde die Bayerische Verfassung durch einen Volksentscheid angenommen. Gleichzeitig fanden in Bayern Wahlen zum ersten Landtag der Nachkriegszeit statt. Nach der Katastrophe der nationalsozialistischen Diktatur und des Zweiten Weltkriegs hatte die amerikanische Militärregierung das Startsignal für den demokratischen Wiederaufbau gegeben. Sein Fundament bildet die bis heute gültige Verfassung des Freistaats Bayern.

Das Haus der Bayerischen Geschichte erinnert gemeinsam mit dem Bayerischen Landtag an dieses Jubiläum mit einer Ausstellung, die schlaglichtartig die bayerische Verfassungsgeschichte von 1818 bis zur Gegenwart beleuchtet. Der Schwerpunkt liegt auf der Entstehung der Verfassung des Freistaats Bayern von 1946 und der Arbeit des ersten Landtags. Historische Bild- und Tondokumente, interaktive Medienstationen und ausgewählte Originale vergegenwärtigen diese entscheidende Phase bayerischer Geschichte. Im Anschluss an ihre erste Station im Münchner Maximilianeum wird die Ausstellung in mehreren Stationen im ganzen Land auf Wanderschaft gehen.

Die ersten Worte der Bayerischen Verfassung rufen das „Trümmerfeld" in Erinnerung, zu dem „eine Staats- und Gesellschaftsordnung ohne Gott, ohne Gewissen und ohne Achtung vor der Würde des Menschen" geführt hat. Mit diesem „Trümmerfeld" waren nicht nur die zerstörten Städte und das millionenfache Elend der entwurzelten Menschen gemeint, sondern vor allem auch das geistige und moralische Vakuum, das der Nationalsozialismus hinterlassen hatte. Daran zu erinnern und damit die Bedeutung unserer freiheitlich-demokratischen Ordnung, wie sie in der Verfassung garantiert wird, ins Bewusstsein zu rufen, ist das Anliegen der Ausstellung und dieses Heftes.

Michael Henker
Evamaria Brockhoff

Der Weg in die Moderne – 60 Jahre Bayerischer Landtag

Peter Jakob Kock

Knapp 13 Jahre nach seiner Zwangsauflösung durch die Nationalsozialisten fand am 16. Dezember 1946 die erste Sitzung des Bayerischen Nachkriegslandtags in der Großen Aula der Münchner Ludwig-Maximilians-Universität statt. Genau genommen ist sein Geburtstag der 1. Dezember des gleichen Jahres, als das Volk den Entwurf der Verfassunggebenden Landesversammlung für eine neue bayerische Verfassung mit großer Mehrheit annahm. Darin heißt es lapidar: „Der Landtag besteht aus den Abgeordneten des bayerischen Volkes." Im Gegensatz zur Verfassung vom 14. August 1919 gab es für die vom Landtag ausgeübte Staatsgewalt keine Einschränkung durch die Reichsverfassung, die mit dem Kriegsende de facto ausgelöscht war. Der Bayerische Landtag war also im Wortsinne souverän.

Ganz ohne übergeordnete Gewalt – erst das Grundgesetz vom 23. Mai 1949 setzte bundesstaatliche Schranken – ging der erste Nachkriegslandtag freilich nicht ans Werk: Die amerikanische Militärregierung, die bereits die Verfassungsberatungen in ihrer Zone mit Rat, aber auch mit Auflagen begleitet hatte, beobachtete die Arbeit der neuen Parlamente mit Aufmerksamkeit. Im Bayerischen Landtag sorgte die Militärregierung dafür, dass alle Sitzungen, also auch die der Ausschüsse, von Ausnahmen abgesehen, öffentlich stattfanden. Im Sommer des Jahres 1949 trat der Bayerische Landtag sogar in einen vierwöchigen Sitzungsstreik, um damit gegen die Einmischung der US-Militärregierung in ein Strafverfahren gegen den Abgeordneten Alfred Loritz von der Wirtschaftlichen Aufbau-Vereinigung (WAV) zu protestieren.

Fünf Tage nach der konstituierenden Sitzung fand am 21. Dezember 1946 wiederum in der Münchner Universitätsaula die „eiskalte Regierungsbildung" statt, die schlaglichtartig zwei Grundprobleme des neuen Parlaments aufzeigte, ein materielles und ein politisches. „Die Menschen sind Schiffbrüchige, deren Leben ein fragwürdiges angestrengtes Provisorium ist", schrieb in jener Zeit der Münchner Essayist Hans Egon Holthusen. Und dem Landtag ging es nicht besser. Unbehaust waren auch die Parlamente, ohne Dach über dem Kopf und auf der Suche nach einer neuen politischen Ordnung. „Als ich berufen wurde, hätte ich mich ebenso gut in den Englischen Garten setzen können", schrieb der erste Leiter des Landtagsamtes. Das alte Landtagsgebäude an der Prannerstraße im Herzen Münchens war zerbombt, die Parlamentarier gingen auf Wanderschaft: von der Aula ins Brunnenhoftheater der Residenz, dann in den Sophiensaal der Oberfinanzdirektion und so fort. Bei der „Herbergsuche" fiel der Blick auf das Maximilianeum, das nur zu etwa 60 Prozent zerstört war. Es dauerte mehr als zwei Jahre, bis der Landtag nach Überwindung zahlloser Schwierigkeiten endlich am 11. Januar 1949 in den Prachtbau über der Isar einziehen konnte, den König Max II. als Stiftung für hochbegabte Studenten und als Ort einer Kunstsammlung für das bayerische Volk von 1857 bis 1874 hatte errichten lassen. Das vom Landtag lediglich angemietete Gebäude war viele Jahre lang ein Provisorium, wenn es auch der Bauhistoriker Michael S. Cullen als das „imposanteste Parlamentshaus in der Bundesrepublik" bezeichnete und der Name Maximilianeum bald schon zum Synonym für Bayerischer Landtag wurde.

Das Maximilianeum in München: der Sitz des Bayerischen Parlaments.
(Foto, Bayerischer Landtag, München)

So richtig „zu Hause" ist der Landtag im Maximilianeum erst, seitdem durch An-
bauten der ständigen Raumnot abgeholfen werden konnte, und vor allem seit dem
13. Dezember 2005, als die Abgeordneten den neuen, lichtdurchfluteten funktio-
nalen Plenarsaal übernahmen. Der alte Saal – dort fanden seit Januar 1949 exakt
1826 Sitzungen statt – war ein mehr oder weniger notdürftig umgebauter Ausstel-
lungsraum der einstigen Bildergalerie.

Im ersten Nachkriegslandtag schufen das gemeinsame Erlebnis der Verfolgung
und der unbedingte Wille zum demokratischen Wiederaufbau eine Atmosphäre
der Versöhnung und der Bereitschaft zu Kooperation. Parteiübergreifende Freund-
schaften wie die zwischen Wilhelm Hoegner und Alois Hundhammer waren keine
Seltenheit. Von den 180 Abgeordneten waren nach eigenen Angaben 29 in einem
Konzentrationslager, 41 hatten Gefängnis oder „Schutzhaft" erleben müssen, sieben waren im Widerstand oder in der Emigration. Alle drei ersten Landtagspräsidenten, Michael Horlacher, Georg Stang und Alois Hundhammer, waren im
KZ Dachau inhaftiert gewesen. Das Präsidium des Landtags hat vor kurzem beschlossen, mit einer Gedenktafel im Maximilianeum und einer Dokumentation
an die Abgeordneten zu erinnern, die Widerstand gegen die nationalsozialistische
Diktatur geleistet haben und Opfer oder Verfolgte jenes Unrechtsregimes waren.

Bei der „eiskalten Regierungsbildung" hätten eigentlich die Temperaturen die
Emotionen zügeln müssen: draußen 20 Grad minus, im Saal null Grad. Die CSU
hatte mit 104 von 180 Sitzen eine klare Mehrheit, die ihr aber wenig nützte, denn
sie war von Flügelkämpfen zerrissen. Auf der einen Seite standen die reichstreuen
Liberal-Konservativen um den Parteivorsitzenden Josef Müller („Ochsensepp"), auf
der anderen Alois Hundhammer mit seinen überwiegend katholisch-altbayerischen
Anhängern. Zwischen beiden Lagern war die Feindschaft erbitterter als zur Sozialdemokratie, die bei der Wahl am 1. Dezember 54 Sitze errungen hatte. Obwohl der

„Ochsensepp" wenige Tage vor der Regierungsbildung noch mit großer Mehrheit als Parteivorsitzender bestätigt worden war, nominierte ihn die Landtagsfraktion nicht für das Amt des Ministerpräsidenten. Sie wollte Anton Pfeiffer als Regierungschef, den früheren BVP-Generalsekretär. Seine Kandidatur scheiterte an gezielt ausgestreuten Gerüchten wegen seiner Zeit im Dritten Reich. Nun sah Josef Müller dennoch seine Stunde gekommen und trat an. Doch die CSU-Stimmen reichten nicht und die Sozialdemokraten lehnten einen Ministerpräsidenten Müller vehement ab: Von 175 abgegeben Stimmen erhielt er nur 73, mit Nein stimmten 89, 22 wollten den CSU-Staatssekretär Hans Ehard als ersten Regierungschef. Josef Müller stürmte mit zwei Dutzend seiner Getreuen aus der Aula. Gewählt wurde schließlich Ehard, der 121 von 147 abgegebenen Stimmen erhielt. Seine Aufgabe war nun nicht nur der Wiederaufbau des Freistaats. Als CSU-Parteivorsitzender von 1949 bis 1955 bemühte er sich um eine Befriedung der innerparteilichen Querelen, wenn auch vergeblich.

Die Parteienlandschaft 1945/46 war charakterisiert von Umbruch und Aufbruch. Es gab Wiedergründungen wie die SPD oder die KPD, Neugründungen wie die CSU oder die Wirtschaftliche Aufbau-Vereinigung (WAV), oder im Entstehen begriffene Gruppierungen wie die Bayernpartei (BP) oder die Bayerische Heimat- und Königspartei (BHKP), die noch keine Lizenz hatten. Mit der Zulassung der BP auf Landesebene 1948 gewann die politische Szene Konturen, die Bayern für gut ein Jahrzehnt prägen sollten. Ihr Auftreten verschärfte den Flügelstreit in der CSU und führte bei der Landtagswahl 1950 zu einem Einbruch. Die CSU lag nun stimmenmäßig hinter der SPD, die BP als ihre schärfste Konkurrentin erreichte knapp 18 Prozent. Die Bundestagswahl von 1949 ergab für Bayern ein besonders aufschlussreiches wahlgeografisches Bild: Die SPD war unverrückbar stark in ihren alten Hochburgen, die CSU nahm vor allem die Stelle der einstigen Bayerischen Volkspartei (BVP) ein und die BP besetzte die Kerngebiete des einstigen Bauernbundes in Ober- und Niederbayern. Liberal ausgeprägte Inseln gab es erneut im Mittelfränkischen. Der Niedergang der Bayernpartei, die sogar im 1. Deutschen Bundestag vertreten war, setzte bereits Mitte der 50er-Jahre ein. Ihr erging es wie anderen regionalen Protestparteien im Rheinland und in Niedersachsen. Die CSU, die als Regionalpartei stets vehement ihren bundespolitischen Anspruch vertrat und vertritt, profitierte stark vom Verschwinden der BP, aber auch der Flüchtlingspartei Gesamtdeutscher Block/Bund der Heimatvertriebenen und Entrechteten (GB/BHE), die ihre Blütezeit in den 50er-Jahren hatte. Den Todesstoß erhielt die Bayernpartei durch die „Spielbankenaffäre", in die ihre führenden Köpfe, Josef Baumgartner und August Geislhöringer, verwickelt waren.

Zweimal gab es große Koalitionen im Nachkriegslandtag: Von Dezember 1946 bis September 1947, als CSU und SPD die Gemeinsamkeiten in den Dienst des Wiederaufbaus stellen wollten, und von Dezember 1950 bis Dezember 1954, denn bei der Landtagswahl 1950 fiel die CSU von 52,3 auf 27,4 Prozent, weniger als die SPD mit 28 Prozent erhielt. Obwohl in breiten Kreisen von CSU und SPD der Wille vorhanden war, das Bündnis 1954 fortzusetzen (die CSU hatte nun 38,4 Prozent, die SPD stagnierte mit 28,1 Prozent), kam es wegen des Taktierens der Christsozialen und ihres Anspruchs auf „unbedingten Führungsanspruch" zu einem ungewöhnlichen Parteienbündnis, das zum ersten und einzigen Mal in der Nachkriegsgeschichte die CSU auf die Oppositionsbänke verbannte: die Viererkoalition.

Dieses Bündnis aus SPD, FDP, BP und GB/BHE mit dem Sozialdemokraten Wilhelm Hoegner an der Spitze brach nach drei Jahren auseinander, als bei der Bundestagswahl 1957 die Unionsparteien bundesweit die absolute Mehrheit errangen. Die CSU-Wahlerfolge schockten vor allem die Bayernpartei, die in Existenzangst geriet. Ein Hauptziel der Viererkoalition war die Reform der Lehrerbildung, die jedoch an der starren Haltung der katholischen Kirche scheiterte. Erfolge konnte sie auf dem Gebiet der Wissenschaftspolitik verbuchen ("Ruckerplan", Forschungsreaktor Garching). Auf die Viererkoalition folgte ein Bündnis von CSU, GB/BHE und FDP unter Führung des CSU-Vorsitzenden und Wirtschaftspolitikers Hanns Seidel.

Das Agrarland Bayern, oder, genauer gesagt, der „Agrar-Industriestaat Bayern", da es stark industrialisierte Inseln seit der Jahrhundertwende gab, wies 1950 noch mehr als 37 Prozent der Erwerbstätigen in der Landwirtschaft aus. Das „Wirtschaftswunder" des Wiederaufbaus ging auch an Bayern nicht vorbei, zu dessen Startvorteilen die hochmotivierten und bestens ausgebildeten Heimatvertriebenen und Flüchtlinge zählten. Sie bereicherten den Mittelstandssektor und stabilisierten den Strukturwandel. Die Sozialdemokraten profitierten anfangs von der voranschreitenden Industrialisierung. Ihr bestes Wahlergebnis erreichten sie mit 35,8 Prozent 1966. Im gleichen Jahr zog die rechtsradikale Nationaldemokratische Partei Deutschlands (NPD) mit 7,4 Prozent der Stimmen ein. Die damals noch geltende Zehn-Prozent-Hürde auf der Ebene der Regierungsbezirke hatte sie in Mittelfranken leicht genommen: Mehr als 12 Prozent waren es dort, wo in der Weimarer Zeit die Hochburgen der Nationalliberalen und später der NSDAP waren. Der NPD-Erfolg ging vor allem zu Lasten der Flüchtlingspartei GB/ BHE. Der „parlamentarische Spuk" der NPD im Bayerischen Landtag war ohne große öffentlichkeitswirksame Aktionen nach vier Jahren zu Ende. CSU und SPD hatten konsequent jede Zusammenarbeit vermieden. Die Freien Demokraten, die 1966 an der Zehn-Prozent-Hürde gescheitert waren, kehrten 1970 ins Maximilianeum zurück. Bei der gleichen Wahl kam die CSU auf 56,4 Prozent, vier Jahre später erreichte sie sogar 62,1 Prozent. Das Jahr 1970 war für die CSU ein „Epochenjahr". Sie war, wie der Parteiensoziologe Alf Mintzel analysierte, nun endgültig zur „gesamtbayerischen Partei" geworden, also auch in den protestantischen Wählerschichten Frankens erfolgreich. Die Annahme, dass die Sozialdemokraten von Bayerns Weg zum Industrie-, ja zum High-Tech-Staat kontinuierlich profitieren würden, bewahrheitete sich nicht: Seit den 70er-Jahren schrumpft die SPD, der allseits sichtbare Strukturwandel kam ihr nicht mehr zugute. Eine Ursache war, wie der Wirtschaftshistoriker Klaus Schreyer schreibt, dass Bayern einen „Sonderfall einer werdenden spätindustriellen Gesellschaft" darstellte, einer Gesellschaft „mit dem eingeübten normativen Verhalten einer Besitzmittelstandsgesellschaft".

Stark beeinträchtigt wurden die SPD-Ergebnisse seit dem Auftreten der Grünen, und zwar vor allem in den Großstädten, wo es auch der CSU gelang in einstige SPD-Wählerschichten einzudringen. Ihren Tiefstand erreichte die bayerische Sozialdemokratie bei der Landtagswahl 2003 mit nur 19,6 Prozent, 9,1 Prozent weniger als 1998. Die CSU eroberte mit 60,7 Prozent der Stimmen 124 der 180 Sitze. Erstmals hat damit eine Partei in einem bundesdeutschen Parlament die Zweidrittel-Mehrheit. Das Desaster der SPD kommentierte der Passauer Politologe Heinrich Ober-reuter mit den Worten: „In Bayern gibt es kein ausstrahlungskräftiges sozialdemokratisches Milieu mehr…" Die Grünen, seit 1986 ohne Unterbrechung im Landtag, schafften mit 7,7 Prozent mühelos wieder den Einzug ins Maximilianeum.

Der Einzug der Grünen in den Bayerischen Landtag erhöhte mit einem Schlag die Frauenquote, von 7,8 Prozent im Jahr 1982 auf 13,2 Prozent 1986. In den folgenden Jahren haben CSU und SPD nachgezogen. Im gegenwärtigen Landtag sind von den 180 Abgeordneten 49 Frauen (CSU 24, SPD 16 und Grüne 9). Die Quote von 27,2 Prozent ist die höchste in der Nachkriegsgeschichte (1946 gab es lediglich drei Frauen im Landtag). Die Altersstruktur ist seit 1946 relativ konstant. Das Durchschnittsalter beträgt derzeit 50,49 Jahre. Den „jüngsten" Landtag gab es 1974/78 mit 45,1 Jahren. Der öffentliche Dienst (Beamte und Angestellte), der traditionsgemäß in allen Parlamenten stark vertreten ist, hat, zumindest nach der Statistik, seine Vorrangstellung eingebüßt: Derzeit kommen 67 Abgeordnete aus dem öffentlichen Dienst (bei 180 Abgeordneten), 1974 waren es noch 108 von 204 Abgeordneten.

Der neue Plenarsaal des Bayerischen Landtags.
(Foto, Rolf Poss, Bayerischer Landtag, München)

„Alle verbindlichen Gebote und Verbote" bedürfen der Gesetzesform, heißt es in der Bayerischen Verfassung. Dazu zählt auch der Staatshaushalt. Die Gesetzgebungsarbeit gehört zu den wichtigsten Aufgaben des Parlaments. In den vergangenen sechzig Jahren hat der Landtag weit mehr als eintausend Gesetze und Gesetzesänderungen verabschiedet, die meisten zwischen 1946 und 1950. Diese Jahre waren gewissermaßen auch eine Art gesetzgeberische „Aufräumarbeit": Für den Wohnungsbau wurde eine „Notabgabe" erlassen, die Räumung von Trümmergrundstücken wurde ebenso gesetzlich geregelt wie die Sicherung der Brennstoffversorgung oder die Organisation der Flüchtlingsströme. Aber auch Schulgeldfreiheit und Lernmittelfreiheit wurden eingeführt. Dazu kamen als „Aufarbeitung der Vergangenheit" rechtliche Fundamente für Entnazifizierung und Wiedergutmachung.

Seit Beginn der 50er- bis in die 60er-Jahre kümmerte sich die Schulgesetzgebung um eine Totalreform des bayerischen Schulwesens: Die konfessionalisierte Lehrerbildung wurde abgeschafft, die Christliche Gemeinschaftsschule eingeführt, die einklassige Dorfschule aufgelöst und die Schullandschaft flächendeckend um weiterführende Schulen erweitert. Ebenfalls seit den 50er-Jahren wurden bereits die Themen Landesplanung und Landesentwicklung bearbeitet, die auch heute noch regelmäßig auf der Tagesordnung stehen. Für Landesentwicklung wurde 1970 zusammen mit Umweltfragen ein eigenes Ministerium eingerichtet, das erste dieser Art in Europa. Überhaupt spielte die Umweltpolitik im Bayerischen Landtag bereits ab 1966/70 eine entscheidende Rolle, noch bevor der Club of Rome 1973 seinen ersten aufrüttelnden Bericht gab. Die Initiativen kamen aus allen politischen Lagern.

Gesetzgeberisch besonders kreativ war der Bayerische Landtag in der 7. Wahlperiode (1970 bis 1974), weil sich auf vielen Gebieten staatlichen Handelns und Verwaltens ein enormer Regelungsbedarf angehäuft hatte. Erwähnt seien nur Berufsschulwesen, Kindergärten, Abfallbeseitigung, Denkmalschutz, Hochschulen, Rettungsdienst, Krankenhäuser, Erwachsenenbildung, Mittelstandsförderung und Wälder. Dass nach drei Jahrzehnten Gesetzesnovellierungen nicht mehr ausreichen, um dem Reformbedarf zu genügen, zeigen beispielhaft das jüngst verabschiedete Hochschulgesetz oder das Waldgesetz. Wenn auch in den 80er- und 90er-Jahren grundlegende gesetzgeberische Initiativen zurückgingen, so gab und gibt es doch eine Fülle landespolitischer Aufgaben, die den oft vor allem in der Presse diagnostizierten Funktions- und Bedeutungsverlust des Landtags ad absurdum führen. Erinnert sei nur an das Polizeirecht, das Jagdrecht, das Medienrecht, an den Datenschutz, den Verkehr oder an das Kommunalrecht, um nur einige Gebiete zu nennen. Dazu kamen gesetzliche Regelungen in eigener Sache wie das Fraktionengesetz, das Abgeordnetengesetz mit Verhaltensregeln und das Gesetz über die Rechtsverhältnisse der Mitglieder der Staatsregierung, mit dem die Bestimmungen über Vergütungen für Nebentätigkeiten klar gefasst wurden, das Untersuchungsausschussgesetz und das Parlamentsinformationsgesetz. Für jeden Staatsbürger von herausragender Bedeutung ist das Petitionsgesetz, das seit 1993 das in der Verfassung garantierte Beschwerderecht genau umschreibt.

Seit Ende 1946 haben sich Hunderttausende von Bürgerinnen und Bürgern mit Bitten und Beschwerden an den Bayerischen Landtag gewandt. Die Zahl der Eingaben beträgt bis heute rund 160 000. Sie geben gewissermaßen seismografisch Sorgen und Nöte von sechs Jahrzehnten wieder. In der ersten Wahlperiode betrug die Zahl rund 10 000, ein Signal für die allgemeine Notlage, aber auch dafür, dass die Gesetzes- und Verwaltungsdichte noch beträchtliche Lücken aufwies. In der Wahlperiode von 1962 bis 1966 sank die Zahl der Eingaben auf unter 6 000 – ein seither nicht mehr erreichter Tiefstand. Seit den 70er-Jahren stiegen die Petitionen kontinuierlich mit dem Rekord von 16 588 in der Zeit von 1990 bis 1994. Die Ursachen dürften in einer allgemein gestiegenen Bereitschaft zu suchen sein, gegen behördliche Entscheidungen zu protestieren und das Recht bei der letzten Instanz, der Petitionsinstanz Parlament, zu suchen. Dazu kam die hohe Zahl an Eingaben, die Asyl-, Aufenthalts- oder Staatsbürgerschaftsfragen betrafen. Das Baurecht war und ist ein Dauerthema im Petitionsausschuss. Seit der 12. Wahlperiode geht die Eingabenzahl leicht zurück. Gründe sind, dass die Zahl der Bürgerkriegsflüchtlinge sinkt, die Bautätigkeit abnimmt und immer mehr Betroffene sich Massen- und Sammelpetitionen anschließen. Fast jede dritte Eingabe ist erfolgreich, mehr als 90 Prozent der Beschlüsse ergehen einstimmig, wobei vor allem Baurechtsfragen und Ausländerfragen zwischen Mehrheitsfraktion und Opposition umstritten sind.

Untersuchungsausschüsse sind die schärfste Waffe im Rahmen des Kontrollrechts eines Parlaments. Der Bayerische Landtag ist Rekordhalter unter den Landesparlamenten bei der Zahl der Untersuchungsausschüsse: Rund 55 zeigt die Statistik seit 1946, allein zehn in der ersten Wahlperiode. Sie sind ein Spiegelbild von Verwaltungsmissständen, Geldverschwendung und umstrittenen Personalentscheidungen. Die meisten Untersuchungsausschüsse wurden auf Antrag der Opposition eingesetzt. Damit erklärt sich angesichts der Mehrheitsverhältnisse die Vielzahl der Untersuchungen. Ein „Skandalquerschnitt" durch sechs Jahrzehnte Landtagsgeschichte reicht von dubiosen Vorgängen bei der ersten Regierungsbildung über die ins Gerede gekommene Amtsführung von Bundesratsminister Franz Heubl bis zur „Kommerziellen Koordininierung" des DDR-Devisenbeschaffers Alexander Schalck-Golodkowski und bis zur derzeitigen Prüfung des Handels mit „Ekelfleisch". Die CSU sorgte in ihren Oppositionsjahren für den wohl bekanntesten Ausschuss, den „Spielbankenausschuss", dessen gerichtliches Nachspiel das absehbare Ende der Bayernpartei rapide beschleunigte. Die parlamentarische Investigation wird oft als „Hornberger Schießen" verspottet. Doch nur wenige Untersuchungsausschüsse blieben völlig folgenlos, wenn sie auch in der Regel zu getrennten Resultaten kommen: zu einem Mehrheits- und einem Minderheitenbericht. Das ferne Grollen in den Amtsstuben der betroffenen Ministerien ist meist nicht zu überhören, wenn die Parlamentarier ihre Akten wälzen, allein schon wegen der Publizität, die ein öffentlich tagender Untersuchungsausschuss genießt.

Schon früh hat sich im bayerischen Parlamentsgeschehen das in der Verfassung enthaltene plebiszitäre Element korrigierend eingeschaltet, wenn im Landtag trotz stabiler Mehrheiten ein Reformstau entstand. Das beste Beispiel ist die Konfessionsschule, die mittels Volksbegehren 1968 in der „Christlichen Gemeinschaftsschule" aufging. Das Volksbegehren „Rundfunkfreiheit" endete 1973 nach heftigen Landtagsdebatten in einer entsprechenden Änderung der Verfassung (Artikel 111a). Im Oktober 1995 setzte sich beim Volksentscheid der Entwurf eines Volksbegehrens zur Einführung des „kommunalen Bürgerentscheids" gegen die Vorlage des Landtags durch. Die Abschaffung des Bayerischen Senats, ebenfalls beruhend auf einem Volksbegehren, wurde 1998 durch einen Volksentscheid gegen den Willen der CSU-Mehrheit besiegelt.

In eigener Sache beschloss der Landtag einschneidende Änderungen, die 1998 beim Volksentscheid „Reform von Landtag und Staatsregierung" angenommen wurden: Die Zahl der Landtagssitze wurde von 204 (wie sie ab 1950 galt) wieder auf 180 reduziert, die Dauer der Wahlperiode um ein Jahr auf fünf Jahre verlängert und die Zahl der Kabinettssitze auf höchstens 18 begrenzt. Die Stellung der Opposition wurde wesentlich aufgewertet mit dem Verfassungsgrundsatz: „Parlamentarische Opposition ist ein grundlegender Bestandteil der parlamentarischen Demokratie." In der Verfassung festgeschrieben wurde auch die Möglichkeit einer Enquete-Kommission des Landtags, die auf Antrag eines Fünftels seiner Mitglieder eingesetzt werden muss. Im Mai 2003 stellte der Landtag die Weichen für weitere Verfassungsänderungen wie die Herabsetzung des Wählbarkeitsalters auf 18 Jahre und die Einführung des Konnexitätsprinzips zu Gunsten der Kommunen. Es bedeutet, dass den Gemeinden nur noch Aufgaben vom Staat übertragen werden dürfen, wenn gleichzeitig dafür Geld bereit gestellt wird. Vor allem aber schuf der Landtag die verfassungsrechtliche Grundlage für ein Parlamentsinformationsgesetz. Es bindet das Parlament stärker in Entscheidungen der Staatsregierung ein, die die Bundes- und Europapolitik betreffen und gesteht ihm einen Sitz im Ausschuss der Regionen der Europäischen Union zu.

Die erste Enquete-Kommission des Bayerischen Landtags kümmerte sich auf Anregung der Sozialdemokraten um die „Reform des Föderalismus" und die „Stärkung der Landesparlamente". Der nach zweieinhalb Jahren im März 2002 vorgelegte Bericht kam zu dem Ergebnis, dass vor allem die Landtage unter der Aushöhlung der Länderkompetenzen zu leiden hätten. Die Arbeitsergebnisse von Sachverständigen und Abgeordneten waren ein wichtiger Beitrag für die bundesweite Bundesstaatsdiskussion, die 2006 in die „Föderalismusreform" mündete, die von Bundestag und Bundesrat mit der erforderlichen Zweidrittel-Mehrheit beschlossen wurde. Die Landesparlamente und damit auch der Bayerische Landtag wurden dadurch gestärkt und erhielten vor allem durch die „Abweichungsgesetzgebung" neue Politikfelder, denn der Grundsatz „Bundesrecht bricht Landesrecht" kann nun unter bestimmten Umständen umgekehrt werden. Inwieweit der wesentliche Kompetenzzuwachs der Länder das Ansehen und das Selbstverständnis der Landesparlamente beflügelt, kann wohl erst in einigen Jahren beurteilt werden.

Der Bayerische Landtag befasst sich seit geraumer Zeit mit der Frage, wie seine Rolle bei der politischen Willensbildung gestärkt und nach außen getragen werden kann. Landtagspräsident Alois Glück: „Wir müssen in der Öffentlichkeit stärker bewusst machen, dass die Parlamente heute in erster Linie Arbeitsparlamente sind, in denen nicht die klassische Rhetorik im Vordergrund steht, sondern die Aufgabe, arbeitsteilig Entscheidungen zu treffen." Spektakuläre Grundsatzdebatten zu landespolitisch bedeutsamen Themen seien deshalb eher eine Seltenheit. Der Bayerische Landtag will nun im Sinne eines „lebendigeren Parlaments" mit Hilfe der Geschäftsordnung die Abläufe interessanter und attraktiver gestalten. Eine interfraktionelle Arbeitsgruppe hat dazu Vorschläge erarbeitet, die ab dem Jahr 2007 probeweise eingeführt werden. Nach englischem Vorbild wird es eine Ministerbefragung geben, eine Premiere in den deutschen Landesparlamenten. Außerdem soll die Vollversammlung während der Sitzungswochen möglichst wöchentlich tagen. Anstelle von mündlichen Fragen hat der Abgeordnete das Recht, schriftliche Fragen zu stellen, die noch in der gleichen Woche schriftlich von der Staatsregierung zu beantworten sind. CSU, SPD und Grüne sehen darin einen Faktor der Parlamentsreform und einen wichtigen Beitrag gegen die Politikverdrossenheit. Das Internetangebot auf der Website des Landtags (www.bayern.landtag.de), das regelmäßig ausgebaut wird, bietet interessierten Bürgern aktuelle Informationen, Live-Übertragungen der Plenarsitzungen und Hinweise zur Parlamentsgeschichte.

Ausstellungsimpressum

„Bollwerk der Freiheit"
60 Jahre
Bayerische Verfassung
Bayerischer Landtag

Eine Ausstellung des Hauses der Bayerischen Geschichte
in Zusammenarbeit mit dem Bayerischen Landtag

Veranstalter
Haus der Bayerischen Geschichte
Direktor: Prof. Dr. Claus Grimm

Projektleitung
Dr. Michael Henker

Wissenschaftliche Mitarbeit
Dr. Matthias Bachmann
Wolfgang Reinicke M.A.

Studentische Hilfskräfte
Felix Bellaire
Christian Packheiser
Andreas Scherrer

Medienverwaltung und Ausstellungsgrafiken
Dipl.-Pol. Oliver Zeidler

Produktion Begleitheft
Evamaria Brockhoff
Dr. Christof Hangkofer
Helga Wiedmann

Mediendesign
grabendoerfer.de
Helmut Grabendörfer M.A. und
Dipl.-Ing. Hans-Peter Veit, München

Verwaltung
Clemens Menter
Kurt Lange

Gestaltung und Plakat
Fritz K. E. Armbruster
Tobias Rieder, Wasserburg (Mitarbeit)

Ausstellungsgrafik
Dipl.-Designerin Nina Wilsmann, Augsburg

Ausstellungsdruck
Ledin, Print- & Mediacenter, Gaimersheim

Schreinerarbeiten
Schreinerei Brindl, Allertsham
Schreinerei Berger, Obing

Beleuchtungs- und Elektroarbeiten
Elektro Seidinger, Eiselfing/Bachmehring

Ausstellungssystem
Moradelli, Kirchheim bei München

Hardware und Multimedia
Direktstore, Nordhorn
Penplan, München
Georg Schmidbauer M.A., München

Fotografien
Peter Hemza, München
George Meister, München
Rolf Poss, München
Oliver Zeidler, Berlin
Haus der Bayerischen Geschichte, Bildarchiv

Zeitzeugeninterviews
Georg Schmidbauer M.A., München

Katalogteil

Die Anfänge der Bayerischen Verfassung

1808 erließ König Max I. Joseph eine erste Verfassung, um eine von Napoleon gewünschte gemeinsame Verfassung für alle Rheinbundstaaten zu verhindern. Die darin für Bayern geplante Volksvertretung mit beratender Funktion wurde aber nie verwirklicht. Die neue Verfassung von 1818 beschränkte die Herrschaftsrechte des Königs und schuf ein Parlament, die Ständeversammlung. Dessen wesentliche Rechte waren: Steuerbewilligung und Mitwirkung an der Gesetzgebung. Das Parlament bestand aus zwei Kammern: der der Reichsräte und der der Abgeordneten. Meilensteine in der Entwicklung der Verfassung bildeten 1848 die Zugeständnisse König Ludwigs I. gegenüber den sog. März-Forderungen des Volkes: Ministerverantwortlichkeit, Pressefreiheit und verbessertes Wahlrecht. Trotz dieser „März-Errungenschaften" blieb Bayern bis zur Revolution von 1918 eine konstitutionelle Monarchie mit einer starken Stellung des Herrschers.

Verfassungs-Urkunde des Königreichs Baiern von 1818 (Titelblatt)
Am 26. Mai 1818 gab König Max I. Joseph seinem Volk eine Verfassung, die bis zum Ende der Monarchie 1918 Gültigkeit besaß. (Bayerisches Hauptstaatsarchiv, München, Verfassungsurkunden 3)

Lade für die Verfassung von 1818 mit Verfassungswürfel
Wie ein Safe diente die Lade als Aufbewahrungsort der Verfassung des Königreichs Bayern („Magna Charta Bavariae"). Ein Würfel bekrönt als Sinnbild für Festigkeit und Gleichmäßigkeit das Gefäß. (Bayerischer Landtag, München)

Lade für die Landtagsabschiede
Im Königreich diente diese Lade zur Aufbewahrung der Ergebnisse der einzelnen Sitzungsperioden, der sog. „Landtagsabschiede". (Bayerischer Landtag, München)

„Der 6. März 1848. Ein Glanz- und Jubeltag in Bayerns Geschichte"
Das Gedenkblatt zeigt die von König Ludwig I. zugestandenen vermehrten Rechte des Volkes, die sog. „März-Errungenschaften". (Lithografie, C. Hohfelder, 1848, Staatsbibliothek Bamberg, MvO, C-I-113)

Eröffnung der Ständeversammlung
Am 4. Februar 1819 versammelte sich die Ständeversammlung zu ihrer ersten Sitzung im ehemaligen Redoutensaal in der Münchner Prannerstraße. Das Gremium bestand aus der Kammer der Reichsräte und der Kammer der Abgeordneten. (Schützenscheibe, Königlich Privilegierte Schützengesellschaft Fürth)

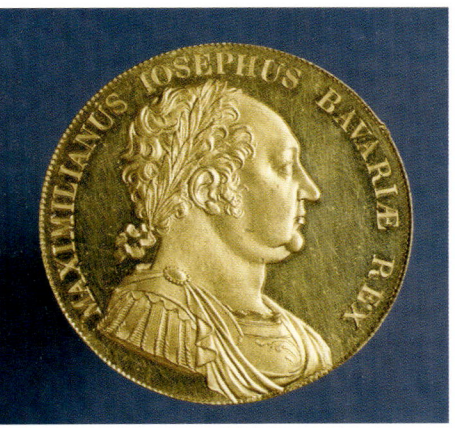

Konstitutionstaler von 1818 (Vorderseite)
Aus Anlass der Verfassunggebung ließ König Max I. Joseph eine Gedenkmedaille prägen. Die Vorderseite zeigt das Porträt des Monarchen im Profil. (Goldmedaille, Staatliche Münzsammlung, München)

Konstitutionstaler von 1818 (Rückseite)
Auf der Rückseite ist der „Konstitutionsstein" mit der Aufschrift „CHARTA MAGNA BAVARIAE" abgebildet. (Goldmedaille, Staatliche Münzsammlung, München)

„Sein Geschenk. 1818"
Die Verkündung der Verfassung von 1818 wird auch in einer Schrift zum 25-jährigen Regierungsjubiläum König Max I. Josephs als herausragendes Ereignis gewürdigt. Um ihre Bedeutung herauszustellen, trägt sie auf der Lithografie den Ehrentitel „Magna Charta". (Lithografie, Peter von Heß, 1825, Reproduktion: Haus der Bayerischen Geschichte, Augsburg)

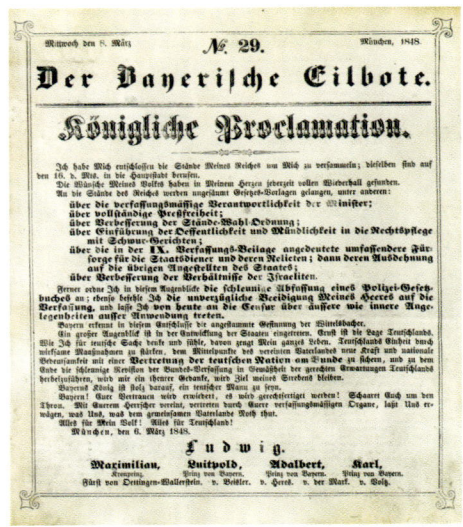

„Königliche Proclamation"
In dieser Erklärung sagt König Ludwig I. die Erfüllung der wesentlichen März-Forderungen zu. (Druckschrift, Der Bayerische Eilbote, Nr. 29, 8.3.1848, Germanisches Nationalmuseum Nürnberg, Kps. 1330 HB 4324)

Ende und schwieriger Neubeginn

Im November 1918 beendete die Revolution die Herrschaft der Wittelsbacher Könige in Bayern. Der Vorsitzende der bayerischen USPD, Kurt Eisner, rief die Republik aus: „Bayern ist fortan ein Freistaat." Nach Eisners Ermordung 1919 wählte der Landtag Johannes Hoffmann (SPD) zum Ministerpräsidenten. Aufgrund der blutigen Wirren während der Rätezeit wichen Regierung und Landtag von München ins sichere Bamberg aus, so dass dort die erste demokratische Verfassung Bayerns entstand. Durch den Verlust seiner Sonderrechte ging die Bedeutung Bayerns innerhalb des Reichs zurück, da die Weimarer Reichsverfassung der Verfassunggebung in Bamberg vorausging. Sowohl die Reichsverfassung als auch die neue bayerische Verfassung stießen bei breiten Bevölkerungsteilen auf Ablehnung.

Proklamation der Republik, 8. November 1918
Die Ausrufung der Republik durch den Vorsitzenden der bayerischen USPD, Kurt Eisner, wird der Bevölkerung durch Plakate bekannt gegeben. (Plakat, Bayerischer Landtag, München, Bildarchiv)

„Die rote Flut"
Die Revolution von 1918 beendete die Monarchie in Bayern. Es entstand der Freistaat Bayern. (Postkarte, 1918, Haus der Bayerischen Geschichte, Bildarchiv, bapo-01144)

BVP-Landtagsabgeordnete Ellen Ammann
Unter den 180 Abgeordneten des Landtags von 1919 waren erstmals auch acht Frauen. (Foto, 1917, Archiv des Bayerischen Landesverbands des Katholischen Deutschen Frauenbunds, München)

Friedenskundgebung auf der Theresienwiese, 7. November 1918
Nach dieser Kundgebung von SPD und USPD bildete Kurt Eisner einen provisorischen Arbeiter- und Soldatenrat als neue bayerische Regierung. (Foto, Bayerische Staatsbibliothek, München, Abteilung Karten und Bilder, hoff-5124)

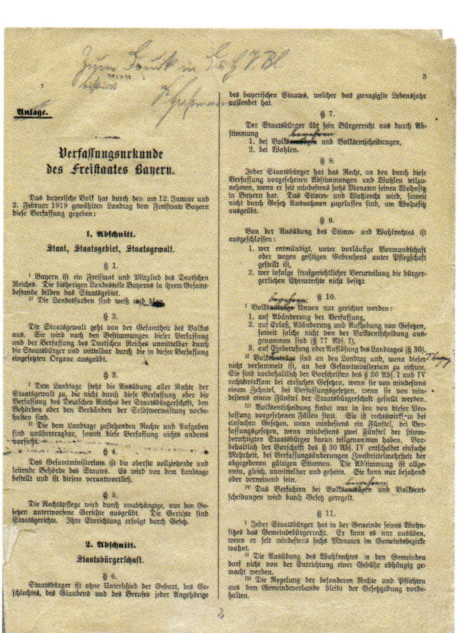

Verfassungsurkunde des Freistaats Bayern: Original-Entwurf
Am 12. August 1919 nahm der nach Bamberg geflohene Landtag die erste demokratische bayerische Verfassung mit überwältigender Mehrheit an. (Bayerisches Hauptstaatsarchiv, München, MA 102010/I)

Kurt Eisner
*Der Revolutionsführer aus der USPD fiel am
21. Februar 1919, dem Tag der Landtagser-
öffnung, dem Attentat eines nationalistischen
Fanatikers zum Opfer.* (Foto, Bayerischer
Landtag, München, Bildarchiv)

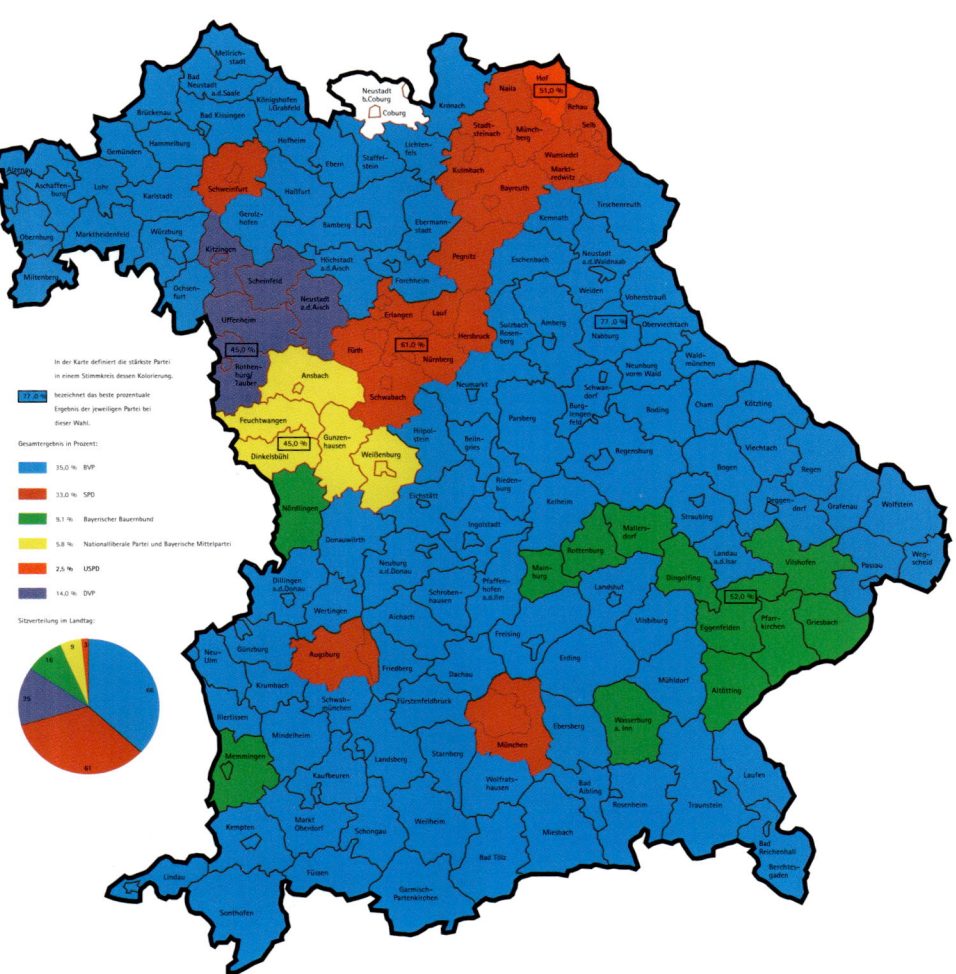

In der Karte definiert die stärkste Partei
in einem Stimmkreis dessen Kolorierung.

77,0 % bezeichnet das beste prozentuale
Ergebnis der jeweiligen Partei bei
dieser Wahl.

Gesamtergebnis in Prozent:

- 35,0 % BVP
- 33,0 % SPD
- 9,1 % Bayerischer Bauernbund
- 5,8 % Nationalliberale Partei und Bayerische Mittelpartei
- 2,5 % USPD
- 14,0 % DVP

Sitzverteilung im Landtag:

Ergebnis der Landtagswahl 1919 *(Mehrheitspartei in den einzelnen Stimmkreisen)*
*Aus dieser Wahl, die erstmals mit Frauen- und Verhältniswahlrecht durchgeführt wurde, gingen die
Bayerische Volkspartei und die SPD mit 35 bzw. 33 Prozent der Stimmen als Sieger hervor. Eisners
USPD erhielt dagegen nur 2,5 Prozent.* (Karte, Haus der Bayerischen Geschichte)

Sitzung des Landtags in Bamberg *(Blick auf das Präsidium)*
*Nach Ausrufung der Räterepublik flohen im April 1919 die rechtmäßige
bayerische Regierung unter Johannes Hoffmann und der Landtag nach
Bamberg. Dort tagte das Parlament in den Harmoniesälen, dem heutigen
Sitz des E.T.A.-Hoffmann-Theaters.* (Foto, Bayerischer Landtag, München,
Bildarchiv)

Sitzung des Landtags in Bamberg *(Blick ins Plenum)*
*Die vom Landtag beschlossene Verfassung verzichtete auf die bisherige
Zweiteilung der gesetzgebenden Gewalt.* (Foto, Bayerischer Landtag,
München, Bildarchiv)

NS-Machtübernahme in Bayern

Die bayerische Staatsregierung unter Ministerpräsident Heinrich Held blieb bis zum 9. März 1933 im Amt. Erst dann ging die Regierungsgewalt auf einen von Berlin eingesetzten Reichskommissar über. Wie die anderen deutschen Länder wurde Bayern „gleichgeschaltet" und zu einem Befehlsempfänger des Reichs degradiert. Der Landtag wurde entsprechend dem Ergebnis der Reichstagswahl vom 5. März 1933 unter Ausschluss der KPD neu gebildet. Nach dem Reichstag verabschiedete auch der Landtag ein „Ermächtigungsgesetz". Nur die SPD stimmte dagegen. Nun konnte die Regierung selbst verfassungsändernde Gesetze ohne Mitwirkung des Parlaments erlassen. Unmittelbar nach der Machtübernahme begannen die Nationalsozialisten mit der Verfolgung ihrer Gegner. Alle demokratischen Parteien wurden verboten. 1934 erfolgte die Auflösung des Landtags.

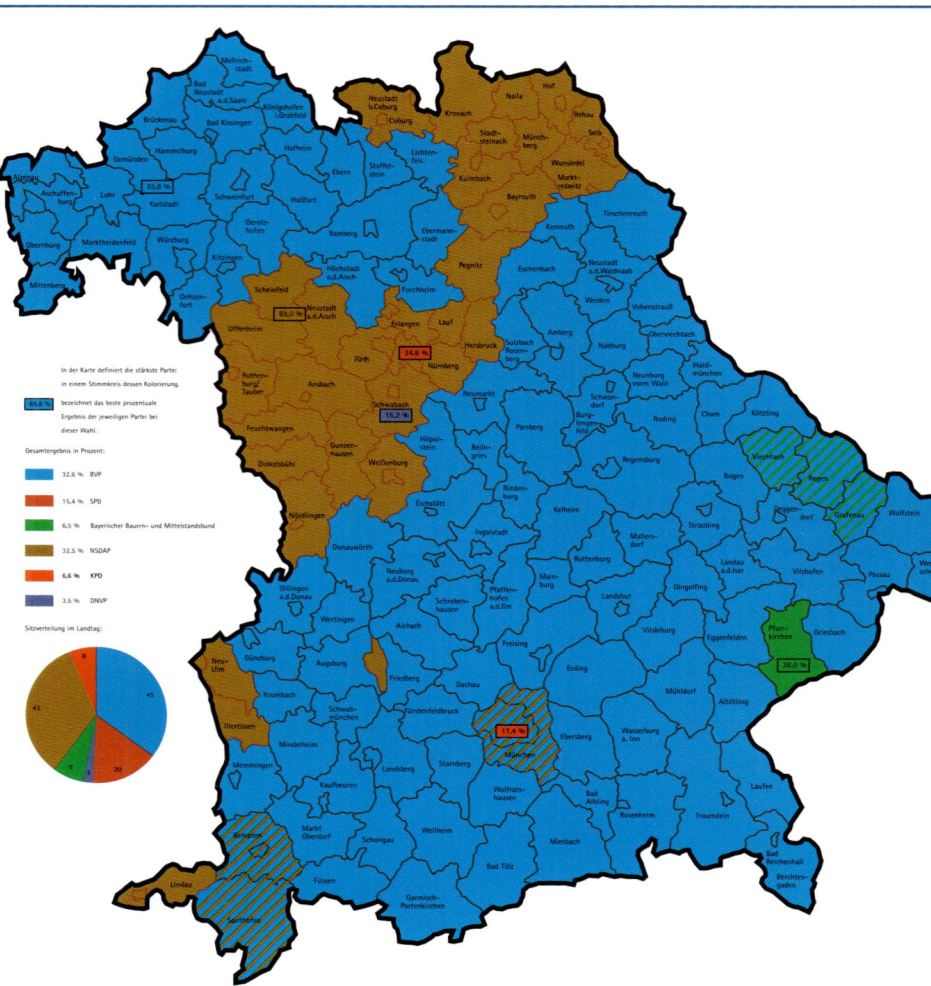

Ergebnis der Landtagswahl 1932 nach Stimmkreismehrheiten
Bei der letzten freien Landtagswahl in Bayern zog die NSDAP nur knapp hinter der Bayerischen Volkspartei als zweitstärkste Kraft ins Parlament ein. (Karte, Haus der Bayerischen Geschichte)

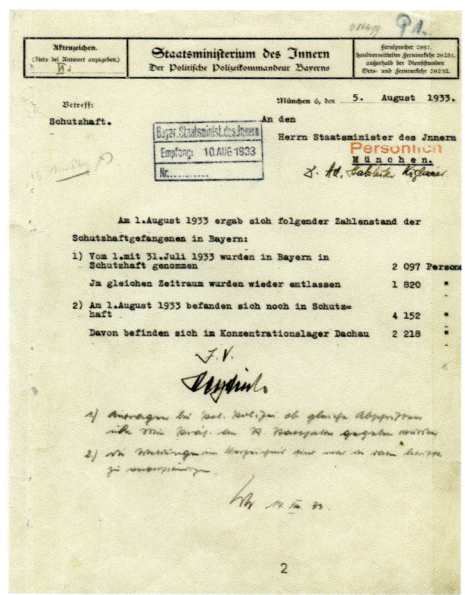

Statistik der Schutzhäftlinge in Bayern im August 1933
Auch in Bayern begannen die Nationalsozialisten sofort nach der Machtübernahme mit der Verfolgung ihrer Gegner. (Schreiben des politischen Polizeikommandeurs Bayerns, Reinhard Heydrich, an Innenminister Adolf Wagner, 5.8.1933, Bayerisches Hauptstaatsarchiv München, MInn 73690)

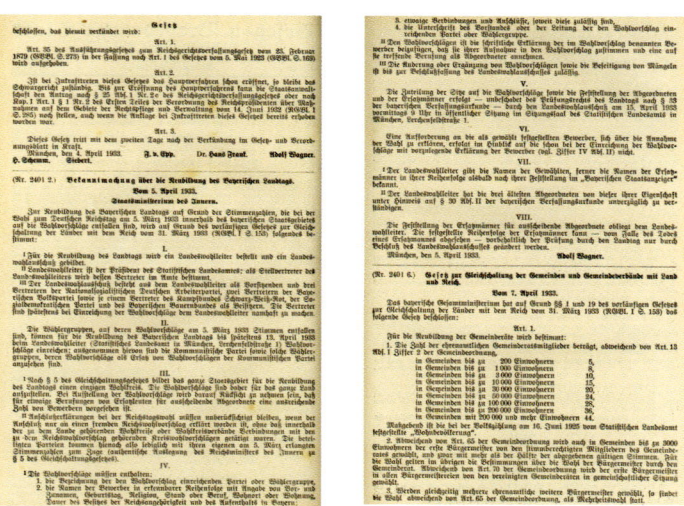

Bekanntmachung über die Neubildung des Bayerischen Landtags 1933
Der Landtag von 1933 ging nicht mehr aus freien Wahlen hervor, sondern wurde entsprechend dem Ergebnis der Reichstagswahl vom 5. März 1933 neu gebildet. Die KPD wurde ausgeschlossen. (Gesetz- und Verordnungsblatt, Nr. 10, 7.4.1933, S. 104 f.)

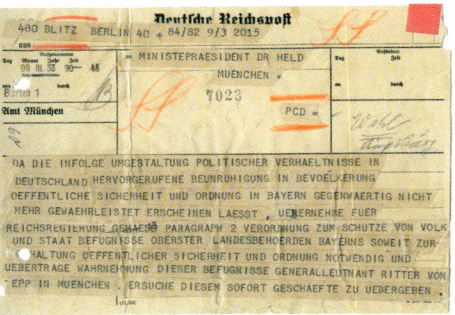

Telegramm von Reichsinnenminister Frick an Ministerpräsident Held
Von Berlin aus wurde General Franz Ritter von Epp als Reichskommissar für Bayern eingesetzt. Er berief eine vorläufige Regierung. (9.3.1933, Bayerisches Hauptstaatsarchiv München, StK 5255)

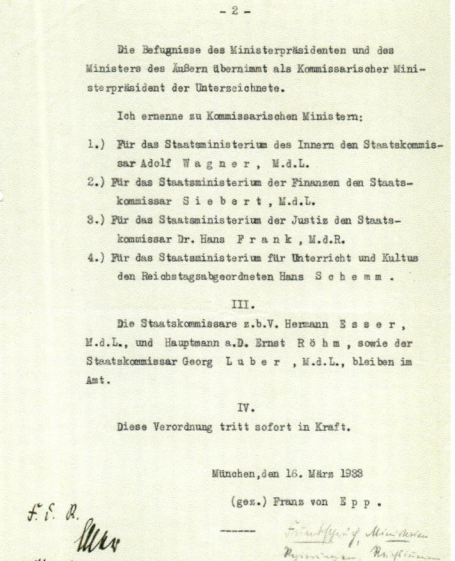

Verordnung zur Regierungsübernahme in Bayern
Nach der Machtübernahme durch die Nationalsozialisten in Bayern ernannte Reichskommissar Franz Ritter von Epp eine kommissarische Regierung. (16.3.1933, Bayerisches Hauptstaatsarchiv München, StK 5255)

Die kommissarische bayerische NS-Regierung
Abgebildet sind (v.l. sitzend): Ludwig Siebert (Finanzen), Franz Ritter von Epp (Ministerpräsident), Adolf Wagner (Inneres), Hans Schemm (Kultus), (v.l. stehend) Heinrich Himmler (Polizeidirektor von München), Ernst Röhm (Sonderkommissar), Hans Frank (Justiz), Hermann Esser (Sonderkommissar), Georg Luber (Landwirtschaft). (Foto, 1933, Stadtarchiv München)

Eröffnung des „gleichgeschalteten" Landtags 1933
Die Nationalsozialisten inszenierten die beiden letzten Landtagssitzungen Ende April 1933 als Siegesfeier. Danach tagte das Parlament nicht mehr. (Foto, 28.4.1933, Stadtarchiv München)

Eröffnung des „gleichgeschalteten" Landtags 1933
Demonstrativ zogen die NS-Abgeordneten in braunen Uniformen in das Landtagsgebäude an der Prannerstraße ein. (Foto, 28.4.1933, Stadtarchiv München)

Demütigung von SPD-Funktionären im KZ Dachau
Die SS zwang den SPD-Reichstagsabgeordneten Josef Simon aus Nürnberg, ein Schild mit der erniedrigenden Aufschrift: „Ich bin ein klassenbewusster S.P.D.-Bonze" zu tragen. Unter den politischen Häftlingen des ersten Konzentrationslagers in Deutschland befanden sich vor allem Kommunisten und Sozialdemokraten. (Foto, 1933/34, KZ-Gedenkstätte Dachau)

Alois Hundhammer als Gefangener im KZ Dachau
Zu den ersten Häftlingen des Konzentrationslagers Dachau zählte der Landtagsabgeordnete und spätere bayerische Minister Alois Hundhammer. (Foto, 1933, Dr. Richard Hundhammer, München)

Überleben in Trümmern

Die bedingungslose Kapitulation des Deutschen Reichs beendete am 8. Mai 1945 den Zweiten Weltkrieg in Europa. Zu diesem Zeitpunkt war Bayern bereits von amerikanischen und französischen Streitkräften besetzt. Das Land stand vor schier unüberwindbaren Problemen: Landesweit waren 13 Prozent der Wohnungen zerstört, in Würzburg lag der Wert bei dramatischen 72 Prozent. Der Wohnungsmangel wurde durch den Zustrom von über zwei Millionen Flüchtlingen und Vertriebenen noch verschärft.

Der gravierende Bevölkerungsanstieg von 25 Prozent verursachte kaum lösbare Versorgungsengpässe. Mit Schwarzhandel und Hamsterfahrten aufs Land versuchten die Menschen zu überleben. Die Hauptlast der Versorgung der Familie und des Wiederaufbaus lag auf den „Trümmerfrauen", da mehr als 450 000 bayerische Soldaten gefallen oder noch in Kriegsgefangenschaft waren.

Trümmerfrauen am Münchner Färbergraben
Beim Wiederaufbau übernahmen die Frauen eine entscheidende Rolle, da viele Männer gefangen oder gefallen waren. (Foto, 1946, Haus der Bayerischen Geschichte, bp-0392.1.4)

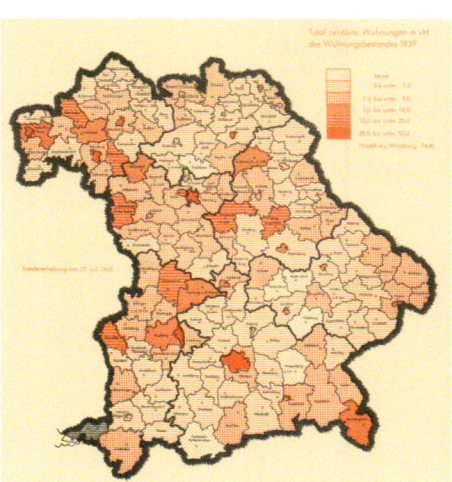

Übersicht über total zerstörte Wohnungen in Bayern 1945
Ziel des alliierten Bombenkriegs waren besonders Städte. (Karte, Das Bayerland und seine lebendigen Kräfte, 1950)

Befreite Häftlinge des KZ Dachau
Die US-Armee fand 32 335 von Hunger und Leid gezeichnete Überlebende vor.
(Foto, 29. 4. 1945, KZ-Gedenkstätte Dachau)

Spielendes Kind zwischen Trümmern in München
In den zerstörten Städten fanden Kinder ungewohntes Spielmaterial. (Foto, September 1946, Haus der Bayerischen Geschichte, bp-0669.1.2)

Wohnungsnot in der Nachkriegszeit
Der Wohnungsmangel war in den Städten infolge der Zerstörungen, Beschlagnahmen und des Zustroms von Flüchtlingen und Vertriebenen am größten. (Foto, November 1946, Haus der Bayerischen Geschichte, bp-0907.4.3)

„1946"
Mit der Jahreswende von 1945/46 verbanden die Menschen die Hoffnung auf eine bessere und friedliche Zukunft. (Fränkischer Tag, Nr. 1, 8. 1. 1946, S. 1, Ludwig-Maximilians-Universität München, Bibliothek der Institute am Englischen Garten, Zeitungsarchiv)

US-Soldat vor dem beschädigten Siegestor in München
Am 30. April 1945 war die 7. US-Armee in München einmarschiert. (Foto, Mai 1945, Süddeutscher Verlag, Bilderdienst, München, 00027151)

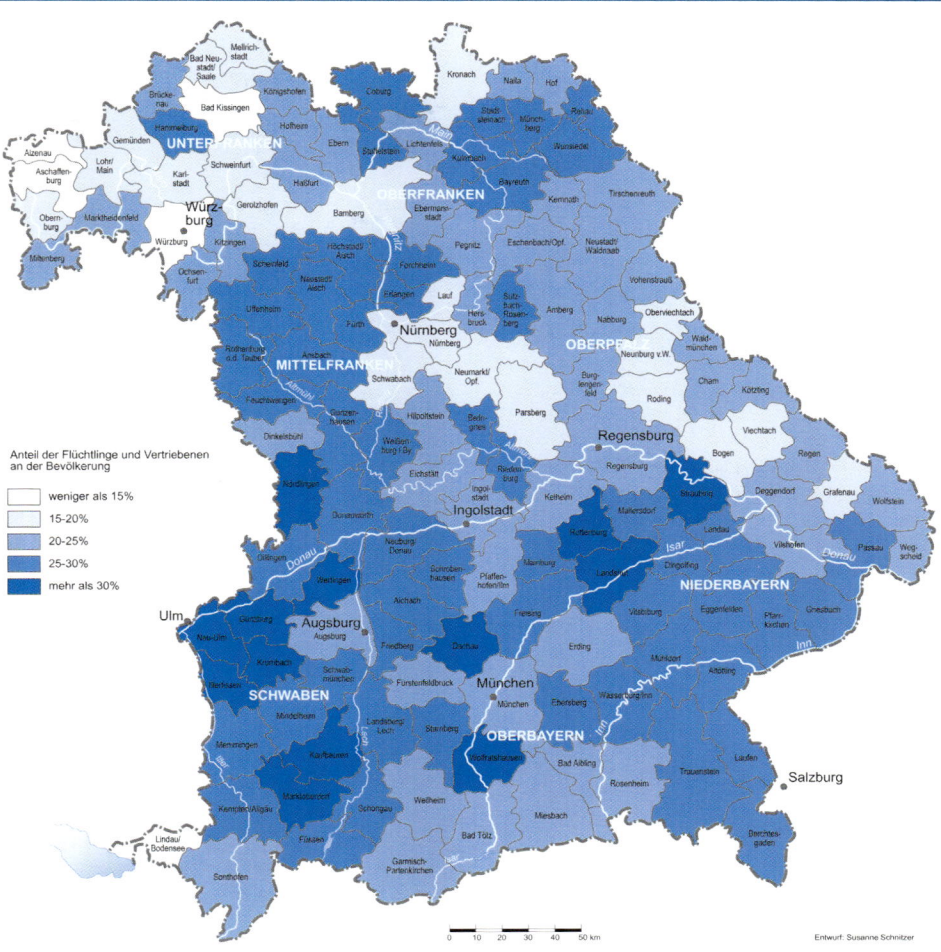

Anteil der Flüchtlinge und Vertriebenen an der Bevölkerung

- weniger als 15%
- 15-20%
- 20-25%
- 25-30%
- mehr als 30%

Entwurf: Susanne Schnitzer

Anteil der Flüchtlinge und Vertriebenen an der bayerischen Bevölkerung 1950
Über zwei Millionen Menschen kamen bis 1950 vor allem aus dem Sudetenland und Schlesien nach Bayern. (Karte, Haus der Bayerischen Geschichte)

Warten auf Lebensmittelkarten in München
Die tägliche Lebensmittelzuteilung lag in München im Sommer 1946 bei 920 Kalorien pro Kopf. (Foto, Juli 1946, Haus der Bayerischen Geschichte, bp-0518.4.2)

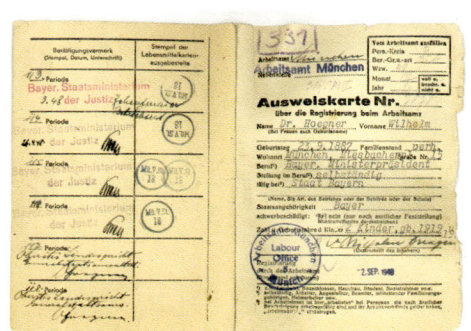

Ausweis des bayerischen Ministerpräsidenten Hoegner von 1946
Das Dokument diente zur Vorlage beim Arbeitsamt für Lebensmittelzuteilungen.
(Familie Hoegner, München)

Der weiße Markt
Die Menschen versorgten sich vor allem auf dem Schwarzen Markt, da in den Geschäften kaum etwas zu bekommen war. (Karikatur, Passauer Neue Presse, Nr. 76, 25.10.1946, S. 4, Ludwig-Maximilians-Universität München, Bibliothek der Institute am Englischen Garten, Zeitungsarchiv)

Der Umgang mit den Besiegten

Nach der bedingungslosen Kapitulation im Mai 1945 übernahmen die vier Siegermächte, USA, Großbritannien, Frankreich und Sowjetunion, in Deutschland die Regierungsgewalt. Deutschland, das seine Ostgebiete verlor, wurde in vier Besatzungszonen aufgeteilt. Das Potsdamer Abkommen legte die gemeinsamen Leitlinien der Besatzungspolitik für alle Zonen fest: Entnazifizierung, Demilitarisierung, Dezentralisierung und Demokratisierung. Bayern wurde ohne die Rheinpfalz und Lindau Teil der US-Zone. Die harte Linie der Amerikaner gegenüber der deutschen Bevölkerung wurde unter dem Eindruck der zerfallenden Anti-Hitler-Koalition und der persönlichen Kontakte der US-Soldaten mit den „Fräuleins" zunehmend aufgegeben.

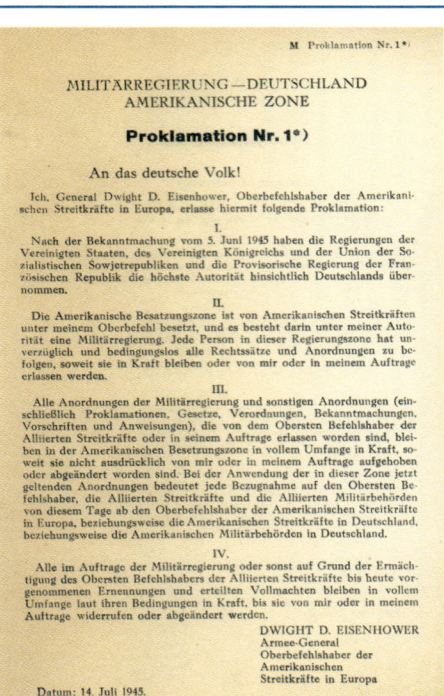

Proklamation Nr. 1 des Oberbefehlshabers der US-Streitkräfte in Europa
General Dwight D. Eisenhower verkündete am 14. Juli 1945 die Übernahme der Regierungsgewalt in der US-Zone durch die Militärregierung. (Druck, Gesetze der Militärregierung und des Kontrollrats, Haus der Bayerischen Geschichte)

Pocket Guide to Germany
Dieses Handbuch sollte amerikanische Soldaten zu einem kritischen Umgang mit den Deutschen anleiten. (US-Government Printing Office, 1944, Reproduktion, Haus der Bayerischen Geschichte)

„Die große Frage: Ob der Kleine auch vom Schwarzen Markt bezogen wurde?"
Der Kontakt zu GI's verhalf den deutschen „Fräuleins" zu kaum zugänglichen Luxusgütern wie Kaffee oder Nylons. Aus den Beziehungen mit (farbigen) US-Soldaten gingen oft Kinder hervor, die es im Nachkriegsdeutschland schwer hatten. (Karikatur, Passauer Neue Presse, Nr. 64, 3. 9. 1946, S. 4, Ludwig-Maximilians-Universität München, Bibliothek der Institute am Englischen Garten, Zeitungsarchiv)

Das Abzeichen der amerikanischen Militärregierung in Deutschland
Bayern (ohne Rheinpfalz und Lindau), Hessen und das nördliche Württemberg-Baden waren von 1945 bis 1949 Teil der US-Zone. (Druck, Privatbesitz)

Dessertschüsseln aus dem Galaservice des Alliierten Kontrollrats, Berlin 1945
Der aus den Oberbefehlshabern der USA, Großbritanniens, Frankreichs und der Sowjetunion gebildete Alliierte Kontrollrat in Berlin entschied über alle Fragen, die Deutschland als Ganzes betrafen. (Haus der Geschichte, Bonn, EB-Nr. 1993/07/528.6.7)

Winston Churchill, Harry Truman und Josef Stalin auf der Potsdamer Konferenz
In Potsdam einigten sich 1945 die Staatschefs Großbritanniens, der USA und der Sowjetunion auf die Besatzungsziele in Deutschland. (Foto, Juli 1945, Süddeutscher Verlag, Bilderdienst, München, 00098602)

„Just married", Bad Tölz, Juni 1947
Obwohl den amerikanischen Soldaten anfänglich „Fraternisierung", Verbrüderung mit den Deutschen, untersagt war, entstanden bald deutsch-amerikanische Ehen. (Foto, Haus der Bayerischen Geschichte, bp-1382.03.2)

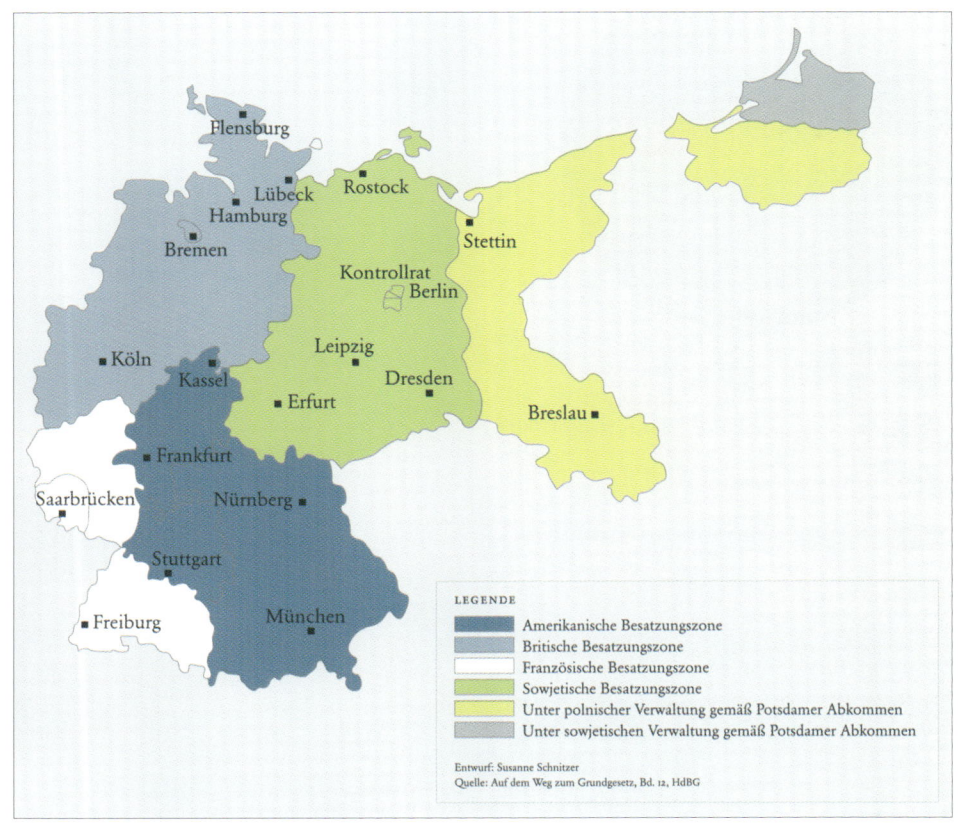

Deutschland 1945–1949
Auf der Potsdamer Konferenz 1945 teilten die Siegermächte das Deutsche Reich in vier Besatzungszonen und Berlin in vier Sektoren auf, in denen die Militärgouverneure nach eigenem Ermessen handelten. (Karte, Haus der Bayerischen Geschichte)

23

Regieren unter US-Aufsicht

Durch die Proklamation Nr. 2 des US-Oberbefehlshabers General Eisenhower entstand Bayern im September 1945 wieder als „Staat". Die von den Amerikanern im Rahmen ihrer Demokratisierungsbestrebungen eingesetzten bayerischen Staatsregierungen standen unter der Oberhoheit der US-Militärregierung für Bayern. Alle Gesetze und Verordnungen mussten von der Besatzungsmacht genehmigt werden. Prüfstein für die demokratische Reife der Regierung war für die Amerikaner die Entnazifizierung. Die nach US-Auffassung mangelhaften Bemühungen dabei führten zur Entlassung des ersten Ministerpräsidenten Fritz Schäffer. Unter dessen Nachfolger, Wilhelm Hoegner, verbesserte sich das Verhältnis zu General Muller, dem Chef der US-Militärregierung in Bayern. Konflikte blieben jedoch auf der Tagesordnung.

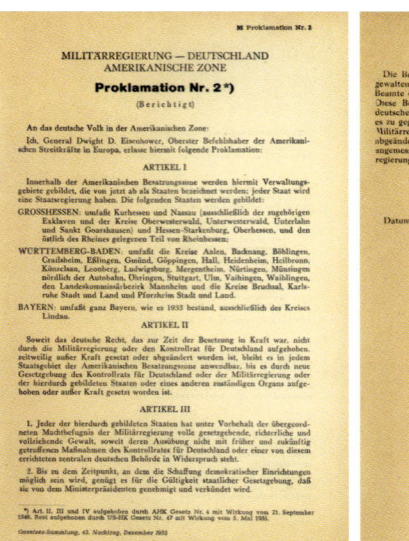

Proklamation Nr. 2 General Eisenhowers
Der Oberkommandierende der US-Streitkräfte in Europa verkündete am 19. September 1946 die Errichtung der „Staaten" Bayern, Groß-Hessen und Württemberg-Baden. Die jeweiligen Staatsregierungen unterstanden weiterhin der US-Militärregierung. (Haus der Bayerischen Geschichte, Gesetze der Militärregierung)

Kabinett Schäffer, 1945
Die erste bayerische Nachkriegsregierung unter Fritz Schäffer wurde am 28. Mai 1945 von der US-Militärregierung ernannt. (Bayerisches Hauptstaatsarchiv München, Bildersammlung 429)

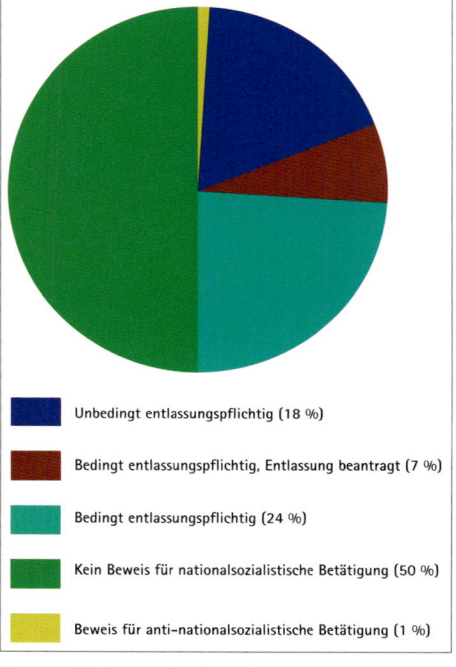

Entnazifizierung in der US-Zone
(Stand 15. März 1946)
Von mehr als einer Million Bürgern in der US-Zone hatte die Hälfte laut Überprüfung ihrer Fragebögen keine NS-Vergangenheit. Eine umfassende Entnazifizierung der deutschen Bevölkerung war ein zentrales, aber kaum erreichbares Ziel der amerikanischen Besatzungsmacht. (Grafik, Haus der Bayerischen Geschichte nach einer Vorlage aus: Neue Zeitung, 2. Jg., Nr. 33, 26.4.1946)

Legende:
- ■ Unbedingt entlassungspflichtig (18 %)
- ■ Bedingt entlassungspflichtig, Entlassung beantragt (7 %)
- ■ Bedingt entlassungspflichtig (24 %)
- ■ Kein Beweis für nationalsozialistische Betätigung (50 %)
- ■ Beweis für anti-nationalsozialistische Betätigung (1 %)

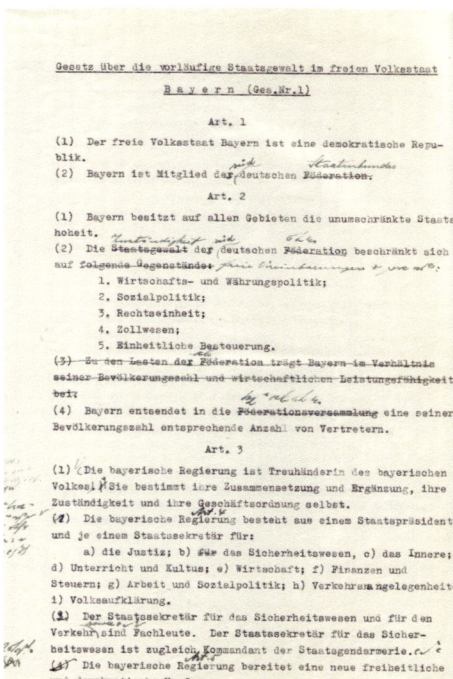

Gesetz über die vorläufige Staatsgewalt im freien Volksstaat Bayern
Dieser Gesetzentwurf Hoegners vom 22. Oktober 1945 wurde von der US-Militärregierung als überflüssig abgelehnt. (Institut für Zeitgeschichte München-Berlin, Archiv, ED 120/20)

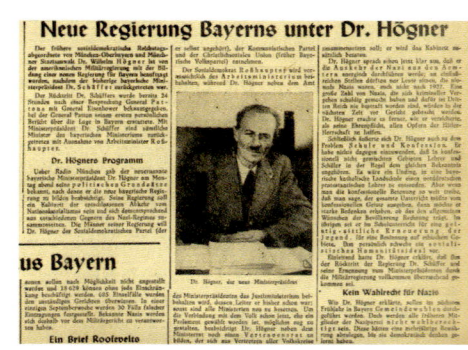

„Neue Regierung Bayerns unter Dr. Högner"
Von September 1945 bis Dezember 1946 stand der Sozialdemokrat Wilhelm Hoegner an der Spitze einer von der amerikanischen Besatzungsmacht eingesetzten Mehrparteienregierung. (Süddeutsche Zeitung, 1. Jg. Nr. 1, 6. 10. 1945, Ludwig-Maximilians-Universität München, Bibliothek der Institute am Englischen Garten, Zeitungsarchiv)

General Lucius D. Clay
General Clay wurde 1945 stellvertretender US-Militärgouverneur und Chef der US-Militärregierung in Deutschland. (Foto, Haus der Bayerischen Geschichte, bp-0391.5.2)

General Walter J. Muller
General Muller war von Oktober 1945 bis November 1947 Leiter der US-Militärregierung für Bayern. Er war der wichtigste Ansprechpartner für den jeweiligen bayerischen Ministerpräsidenten. (Foto, Haus der Bayerischen Geschichte, bp-0629.1.2)

Die leitenden Mitglieder der US-Militärregierung für Bayern (OMGB)
Ende 1946 waren beim Office of Military Government for Bavaria 1543 Personen beschäftigt; davon allein 650 im Münchner Hauptquartier.
(„A Year of Achievement", The Bavarian, 17. 5. 1946, Bayerisches Wirtschaftsarchiv, München, K 8/231)

General Walter J. Muller und Oberstleutnant Eugene Keller
Die beiden US-Besatzungsoffiziere wohnten der ersten Pressekonferenz der Regierung Hoegner im Münchner Rathaus bei. (Foto, 22. 1. 1946, Haus der Bayerischen Geschichte, bp-0019.1.1)

Wilhelm Hoegner im Gespräch mit Anton Pfeiffer am Rande einer Kabinettsitzung
Pfeiffer war von Oktober 1945 bis Juli 1946 Leiter der Staatskanzlei, danach Minister für Sonderaufgaben. Im Hintergrund links ist der Münchner Bürgermeister Thomas Wimmer zu erkennen. (Foto, 1946, Familie Hoegner, München)

Sitzung des Kabinetts Hoegner I in der Staatskanzlei
Links von Ministerpräsident Hoegner (im Sessel) sitzen (v.r.n.l.) Landwirtschaftsminister Baumgartner, Wirtschaftsminister Erhard, Finanzminister Terhalle und Kultusminister Fendt. Im Hintergrund führt Ministerialrat Leusser Protokoll. (Foto, 13. 3. 1946, Familie Hoegner, München)

Sitzung des Kabinetts Hoegner I in der Staatskanzlei
Rechts von Ministerpräsident Hoegner sind (v.l. n.r.) Innenminister Seifried, Innenstaatssekretär Ficker, Sonderminister Schmitt und Wirtschaftsstaatssekretär Fischer zu sehen. (Foto, 13. 3. 1946, Familie Hoegner, München)

Sitzung des Kabinetts Hoegner I in der Staatskanzlei
Die Aufnahme zeigt Ministerpräsident Hoegner zwischen Landwirtschaftsminister Baumgartner und Innenminister Seifried. (Foto, 13. 3. 1946, Familie Hoegner, München)

Demokratischer Neubeginn

Auf Anregung der US-Besatzungsmacht erfolgte die Neubildung der Parteien auch in Bayern von unten. Zunächst bildeten sich 1945 Orts- und Kreisverbände, die sich schrittweise zu Landesverbänden vereinigten. Zur Bedingung für die Zulassung als Partei machten die Amerikaner demokratische Programme sowie 25 Gründungsmitglieder ohne NS-Belastung. In regelmäßigen, kurzen Abständen mussten Rechenschaftsberichte vorgelegt werden. Parteien, die gegen diese Richtlinien verstießen, wurden verboten, z.B. im Mai 1946 die Bayerische Heimat- und Königspartei. Lizenzen erhielten die Kommunistische Partei, die SPD, die CSU, die FDP und die Wirtschaftliche Aufbau-Vereinigung (WAV).

CSU-Mitgliedsausweis Nr. 67 für Hans Ehard
Hans Ehard wurde am 21. Dezember 1946 vom Bayerischen Landtag zum Ministerpräsidenten gewählt. (1946, Bayerisches Hauptstaatsarchiv München, NL Ehard 27)

SPD-Mitgliedsbuch Wilhelm Hoegners
Wilhelm Hoegner wurde am 28. September 1946 von der US-Militärregierung als bayerischer Ministerpräsident eingesetzt und amtierte bis zum 21. Dezember 1946. (1945, Familie Hoegner, München)

„Aufmarsch der Parteien"
Die Karikatur nimmt die Bandbreite der politischen Strömung im Nachkriegsbayern aufs Korn. (Karikatur, Der Simpl, 1. Jg. H. 7, Juli 1946, S. 85, Ludwig-Maximilians-Universität München, Bibliotheken am Englischen Garten, Zeitungsarchiv)

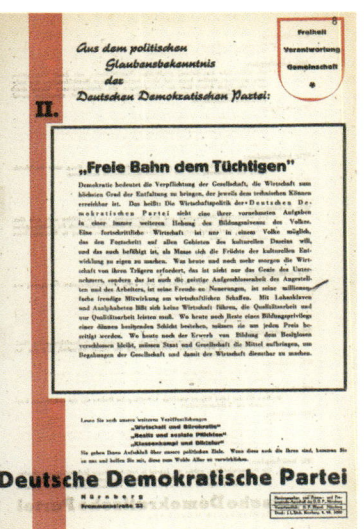

"*Freie Bahn dem Tüchtigen*"
*Die Liberalen, die sich erst im Laufe
des Jahres 1946 FDP nannten, forder-
ten als Grundlage ihrer Wirtschaftspoli-
tik eine Hebung des Bildungsniveaus.
(Flugblatt, 1946, Archiv des Liberalismus, NL Dehler N1-2 Nr. 4)*

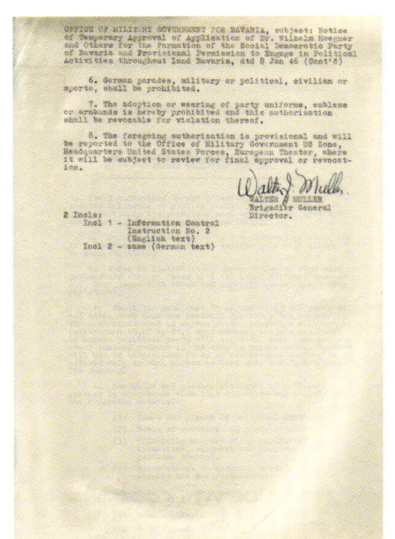

*Vorläufige Lizenz für die SPD in
Bayern*
*Am 8. Januar 1946 erhielten sowohl
CSU als auch SPD von der US-Mili-
tärregierung landesweite Zulassungen.
(Institut für Zeitgeschichte München-
Berlin, Archiv, ED 120/225)*

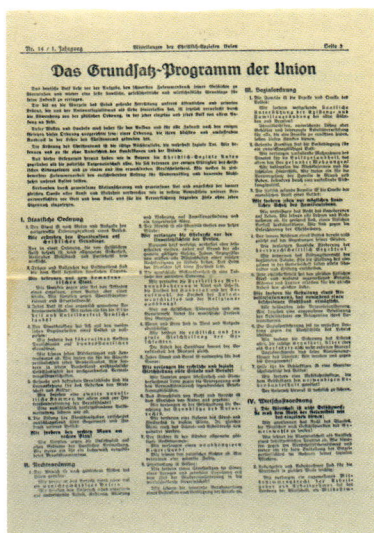

"*Das Grundsatz-Programm der
Union*"
*Die CSU versuchte sich als neue über-
konfessionelle Volkspartei in Bayern zu
etablieren. (Druckschrift, Mitteilungen
der Christlich-Sozialen Union, 1. Jg.
1946, Nr. 14, S. 3, Bayerisches Hauptstaatsarchiv München, NL Ehard 681)*

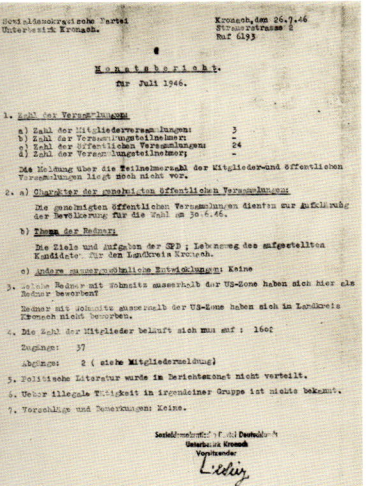

*Monatsbericht der SPD-Kronach
Die US-Militärregierung für Bayern
forderte von den Parteien regelmäßige
Rechenschaftsberichte. (26. 7. 1946,
Institut für Zeitgeschichte München-
Berlin, Archiv, OMGUS 9/88-2/8-9)*

*KPD-Haus in der Münchner Widenmayer-
straße 25*
*Wie alle anderen bayerischen Parteien hatten
auch die Kommunisten ihre Parteizentrale in
München. (Foto, November 1946, Haus der Bayerischen Geschichte, bp-0904.1.5)*

*CSU-Versammlung im Circus Krone in
München*
*Unter dem zukünftigen Wappen des Freistaats
Bayern versammelte die Christlich-Soziale
Union ihre Anhänger. (Foto, 28.11.1946 Haus
der Bayerischen Geschichte, bp-0942.3.1)*

SPD-Landeskonferenz in Ingolstadt
*Im Oktober 1946 kam die bayerische SPD zur
letzten Landeskonferenz vor der Abstimmung
über die Bayerische Verfassung zusammen. (Foto,
19./20.10.1946, Haus der Bayerischen Geschichte,
bp-0755.2.3)*

Qual der Wahl

Die amerikanische Besatzungsmacht verfolgte das Ziel, den neuen bayerischen Staat stufenweise von unten nach oben aufzubauen. Daher fanden zwischen Januar und Mai 1946 zuerst Gemeinde-, Kreistags- und Stadtratswahlen statt. In der ersten landesweiten freien Wahl nach 1932 wurde am 30. Juni 1946 die Verfassunggebende Landesversammlung bestimmt. Aufgrund der allgemeinen Not war das Interesse der Bevölkerung eher gering. Auch die Information der Wähler durch die Parteien gestaltete sich schwierig, da es kaum Papier für Wahlkampfmaterialien und Zeitungen gab. Die Kandidatenaufstellung der Parteien wurde durch die Militärregierung aufmerksam überwacht. Von 750 vorgeschlagenen Personen wurde ein Kandidat wegen seiner NS-Belastung nicht zur Wahl zugelassen.

„Erste freie Wahl in Deutschland"
Die erste freie Nachkriegswahl fand 1945 im oberfränkischen Wohlmutshüll statt. Dort wählten die volljährigen Männer ihren neuen Bürgermeister. (Frankfurter Rundschau, 1. Jg., Nr. 4, 11.8.1945, S. 1, Institut für Zeitgeschichte München-Berlin, Archiv, MZ 112)

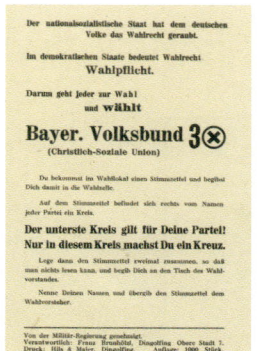

Faltblatt der CSU zur Gemeindewahl in Dingolfing
Am 27. Januar 1946 fanden in ganz Bayern erstmals nach Kriegsende wieder freie Kommunalwahlen statt. (Archiv für Christlich-Soziale Politik, München, NL Anton Maier 33)

Flugblatt zur Kreistagswahl
Für die Kreistagswahl am 28. April 1946 warb die SPD in Kempten damit, als einzige Partei dem Ermächtigungsgesetz Hitlers 1933 nicht zugestimmt zu haben. (Institut für Zeitgeschichte München-Berlin, Archiv, ED 120/225)

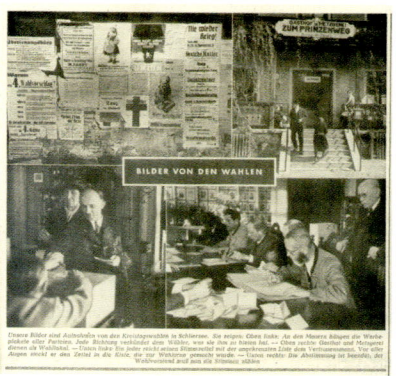

„Bilder von den Wahlen"
Kreistagswahl in Schliersee.
(Die Neue Zeitung, 2. Jg., Nr. 35, 3. 5. 1946, Ludwig-Maximilians-Universität München, Bibliothek der Institute am Englischen Garten, Zeitungsarchiv)

„Die Kreistagswahlen in Bayern"
Der demokratische Neubeginn fand in ganz Bayern ein breites Medienecho. (Fränkischer Tag, 1. Jg. Nr. 33, 30. 4. 1946, S. 3, Ludwig-Maximilians-Universität München, Bibliothek der Institute am Englischen Garten, Zeitungsarchiv)

„Ein bayrisches Paradies"
Die KPD setzte sich bei den Wahlen zur Verfassunggebenden Landesversammlung am 30. Juni 1946 für die Einheit Deutschlands ein.
(Plakat, 1946, Archiv der sozialen Demokratie, Bonn, 6/PLKA006157)

Flugblatt der SPD
Bei der Wahl zur Verfassunggebenden Landesversammlung am 30. Juni 1946 setzte die SPD auf ihren Spitzenkandidaten, Ministerpräsident Wilhelm Hoegner. (Institut für Zeitgeschichte München-Berlin, Archiv, ED 120/226)

„Nie wieder Krieg! Nie wieder Diktatur!"
Im Wahlkampf 1946 sah sich die SPD als Garant für Frieden und Freiheit. (Plakat, 1946, Ströer, Deutsche Städte Medien GmbH, Plakatsammlung, München)

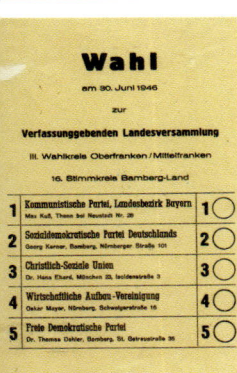

Stimmzettel für die Wahl zur Verfassunggebenden Landesversammlung
Bei dieser Wahl am 30. Juni 1946 kandidierten im Stimmbezirk Bamberg-Land der FDP-Landesvorsitzende Thomas Dehler und Justizstaatssekretär Hans Ehard (CSU). (Bayerisches Hauptstaatsarchiv München, NL Ehard 875)

„Erst den Schutt wegräumen"
Die CSU trat für eine sittliche Erneuerung Bayerns ein. (Plakat, 1946, Archiv für Christlich-Soziale Politik, München, Pl. 4197)

„Wahllokal" in München
Aufgrund der Kriegszerstörungen musste die Stimmabgabe bei den Wahlen zur Verfassunggebenden Landesversammlung teils unter freiem Himmel stattfinden. (Foto, 30.6.1946, Haus der Bayerischen Geschichte, bp-0458.3.1)

„Die alten Gäule ziehen nicht mehr!"
Die WAV versuchte sich als neue und unverbrauchte politische Kraft gegenüber den etablierten Parteien darzustellen. (Plakat, 1945/46, Münchner Stadtmuseum)

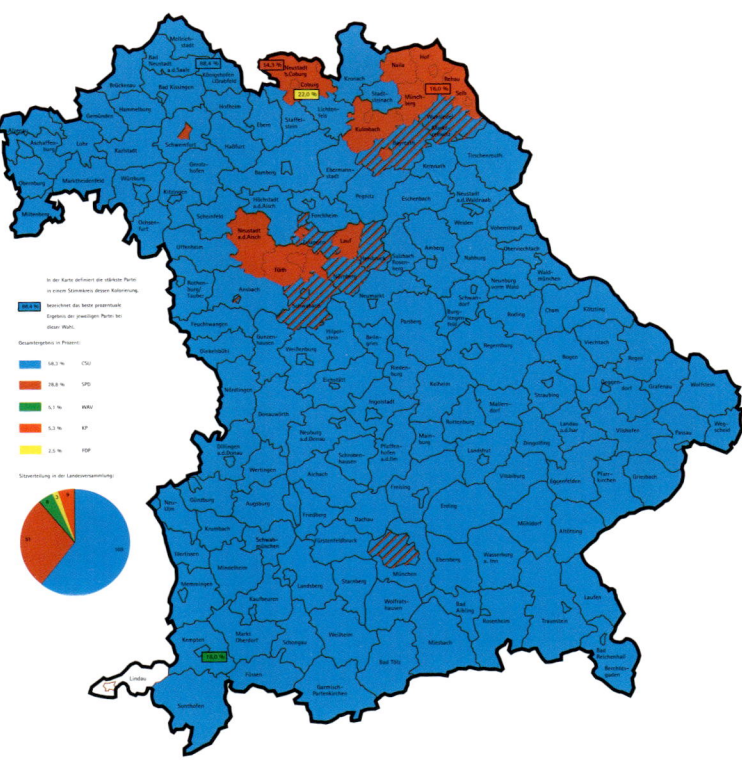

Ergebnis der Wahlen zur Verfassunggebenden Landesversammlung
Als deutlicher Sieger ging die CSU mit einem Stimmanteil von 58,3 Prozent hervor. (Karte, Haus der Bayerischen Geschichte)

„Unser Weg"
Die FDP versuchte ihren Wählern einen Weg aus Dunkelheit und Not in eine strahlende Zukunft zu weisen. (Plakat, 1945/46, Münchner Stadtmuseum)

„Wir arbeiten gegen Versklavung der Arbeit"
Die CSU kämpfte nach Kriegsende für Mitbestimmungsrechte der Arbeitnehmer. (Plakat, 1946, Ströer, Deutsche Städte Medien GmbH, Plakatsammlung, München)

Vorarbeiten für die Verfassung

Am Anfang der Verfassunggebung in Bayern stand ein Befehl der amerikanischen Besatzungsmacht. Der Chef der US-Militärregierung in Deutschland, Lucius D. Clay, beauftragte am 8. Februar 1946 Ministerpräsident Wilhelm Hoegner mit der Vorbereitung einer Verfassunggebenden Landesversammlung. Trotz erheblicher Bedenken der Regierung in Washington und deutscher Politiker erarbeitete der Vorbereitende Verfassungsausschuss, mit vom Ministerpräsidenten berufenen Mitgliedern, in 15 Sitzungen einen vollständigen Verfassungsentwurf für die Verfassunggebende Landesversammlung. Grundlage der Beratungen waren Vorüberlegungen Hoegners aus dem Schweizer Exil. Neben Hoegner prägte der Staatsrechtler Hans Nawiasky die Verfassungsberatungen entscheidend. Am 26. Februar 1946 war ein Beratender Landesausschuss als Vorparlament zusammengetreten. Er war das erste Bindeglied zwischen Volk und Regierung.

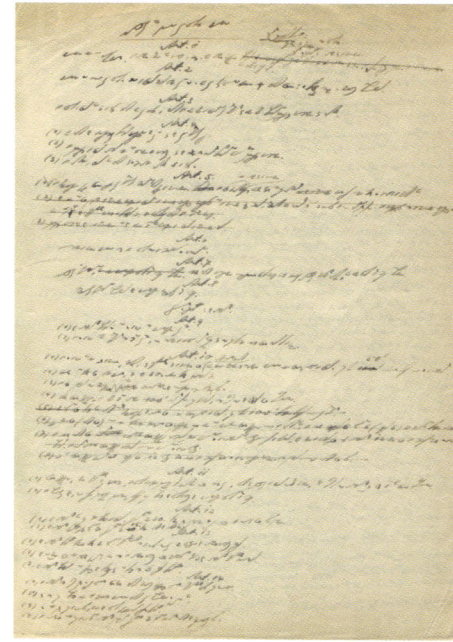

Schreiben (Auszug) der amerikanischen Militärregierung an Ministerpräsident Hoegner
Die Initiative zur Verfassunggebung ging von der amerikanischen Besatzungsmacht aus.
(8.2.1946, Institut für Zeitgeschichte München-Berlin, Archiv, ED 120/130)

Vorentwurf der Verfassung des Volksstaates Bayern
Der Entwurf Wilhelm Hoegners ging auf seine Vorüberlegungen im Schweizer Exil zurück. (Stenogramm, Institut für Zeitgeschichte München-Berlin, Archiv, ED 120/128)

Prof. Hans Nawiasky
Im Schweizer Exil hatten bereits Gespräche zwischen Hans Nawiasky, Professor für Staatsrecht, und Wilhelm Hoegner über die zukünftige bayerische Verfassung stattgefunden. (Foto, Archiv für Christlich-Soziale Politik, München, NL Elsen)

Erste Sitzung des Vorbereitenden Verfassungsausschusses
Rede des Generals Walter J. Muller am 8. März 1946 vor den Mitgliedern des Vorbereitenden Verfassungsausschusses. (Foto, Haus der Bayerischen Geschichte, bp-0230.2.2)

Erste Sitzung des Vorbereitenden Verfassungsausschusses
Ministerpräsident Hoegner und der Leiter der Staatskanzlei, Anton Pfeiffer, bei der Sitzungsvorbereitung. (Foto, Haus der Bayerischen Geschichte, bp-0230.4.7)

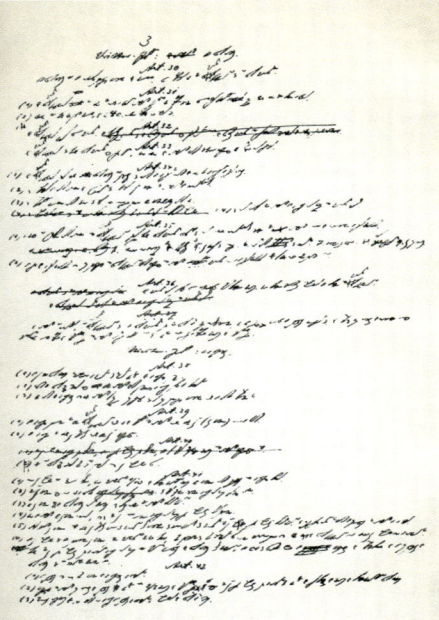

Vorentwurf der Bayerischen Verfassung
Wilhelm Hoegner verfasste seinen gesamten
Vorentwurf der Bayerischen Verfassung in
Kurzschrift. (Stenogramm, Institut für Zeit-
geschichte, München-Berlin, Archiv,
ED 120/128)

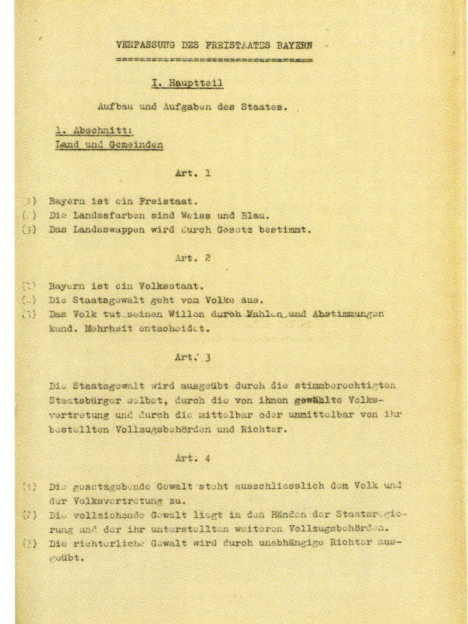

Verfassungsentwurf des Vorbereitenden
Verfassungsausschusses, Mai 1946
Auf der Grundlage des Vorentwurfs von Wil-
helm Hoegner erarbeitete der Vorbereitende
Verfassungsausschuss einen Verfassungsentwurf.
(Maschinenschrift, Bayerisches Hauptstaats-
archiv München, StK 10903)

Erste Sitzung des Vorbereitenden Verfassungsausschusses
Justizstaatssekretär Hans Ehard, der Münchner Oberbürger-
meister Karl Scharnagl und Innenminister Josef Seifried
am Sitzungstisch. (Foto, 8. 3. 1946, Haus der Bayerischen
Geschichte, bp-0230.4.5)

Eröffnungssitzung des Beratenden Landesausschusses
Am 26. Februar 1946 tagte das Vorparlament erstmals in der Aula der
Ludwig-Maximilians-Universität München. (Foto, Haus der Bayerischen
Geschichte, bp-0096.3.3)

Eröffnungssitzung des Beratenden Landesausschusses
Die 130 Mitglieder wurden von Ministerpräsident Hoegner berufen und
hatten nur beratende Funktion. (Foto, Haus der Bayerischen Geschichte,
bp-0095.1.5)

Die Verfassungsmacher

Die Verfassunggebende Landesversammlung war die erste gewählte bayerische Volksvertretung seit 1932. Sie tagte vom 15. Juli bis zum 26. Oktober 1946 in der Aula der Münchner Universität. Die CSU stellte 109, die SPD 51, die KPD neun, die WAV acht und die FDP drei Abgeordnete. Unter den 180 Mitgliedern waren lediglich sechs Frauen. 27 Abgeordnete verfügten über Landtagserfahrung aus den Jahren 1919 bis 1933. Die eigentliche Beratungstätigkeit erfolgte im Verfassungsausschuss. Trotz der absoluten Mehrheit der CSU herrschte bei den Beratungen vor allem unter den beiden großen Parteien eine harmonische Atmosphäre. Voraussetzung dafür war das gute Verhältnis innerhalb der „Verfassungs-Troika" Wilhelm Hoegner, Hans Ehard und Alois Hundhammer. Die Arbeitsbedingungen waren gekennzeichnet durch die Schwierigkeit der Anreise sowie den Mangel an Transportmitteln, Unterkünften und Heizmaterial.

Eintrittskarte zur Eröffnungssitzung der Verfassunggebenden Landesversammlung am 15. 7. 1946 (Druck, Bayerisches Hauptsstaatsarchiv, München, NL Pfeiffer 146)

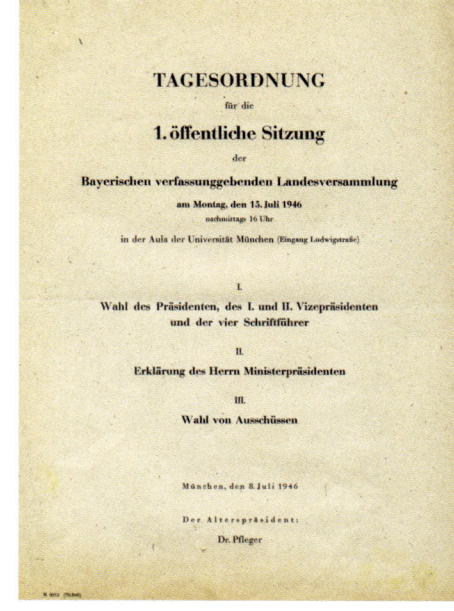

Tagesordnung der Eröffnungssitzung der Verfassunggebenden Landesversammlung (Druck, Bayerisches Hauptsstaatsarchiv, München, NL Pfeiffer 146)

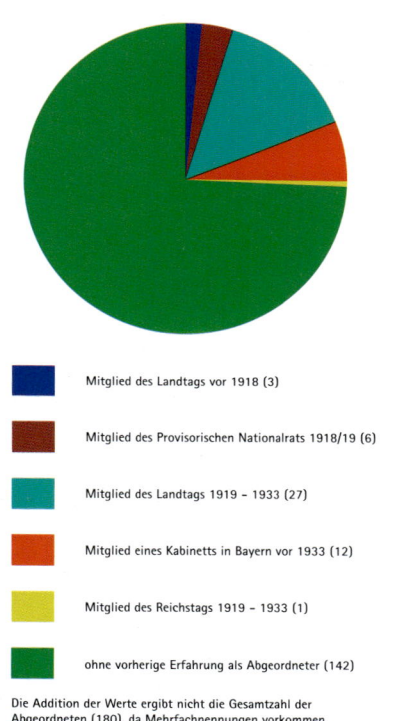

- Mitglied des Landtags vor 1918 (3)
- Mitglied des Provisorischen Nationalrats 1918/19 (6)
- Mitglied des Landtags 1919 – 1933 (27)
- Mitglied eines Kabinetts in Bayern vor 1933 (12)
- Mitglied des Reichstags 1919 – 1933 (1)
- ohne vorherige Erfahrung als Abgeordneter (142)

Die Addition der Werte ergibt nicht die Gesamtzahl der Abgeordneten (180), da Mehrfachnennungen vorkommen.

Parlamentarische Erfahrung
Die überwiegende Mehrheit der Abgeordneten der Verfassunggebenden Landesversammlung war vor 1933 weder Parlaments- noch Kabinettsmitglied. Im Vorbereitenden Verfassungsausschuss hatten noch sechs von neun Mitgliedern über entsprechende Erfahrung verfügt. Im Verfassungsausschuss lag ihr Anteil bei sechs von 21. Für eine deutliche Mehrheit der Abgeordneten setzte sich die parlamentarische Karriere nach der Verfassunggebenden Landesversammlung auch im Landtag fort. (Grafik, Haus der Bayerischen Geschichte)

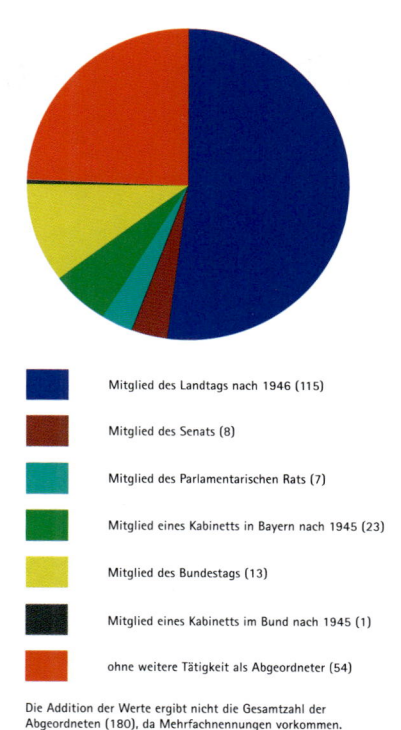

- Mitglied des Landtags nach 1946 (115)
- Mitglied des Senats (8)
- Mitglied des Parlamentarischen Rats (7)
- Mitglied eines Kabinetts in Bayern nach 1945 (23)
- Mitglied des Bundestags (13)
- Mitglied eines Kabinetts im Bund nach 1945 (1)
- ohne weitere Tätigkeit als Abgeordneter (54)

Die Addition der Werte ergibt nicht die Gesamtzahl der Abgeordneten (180), da Mehrfachnennungen vorkommen.

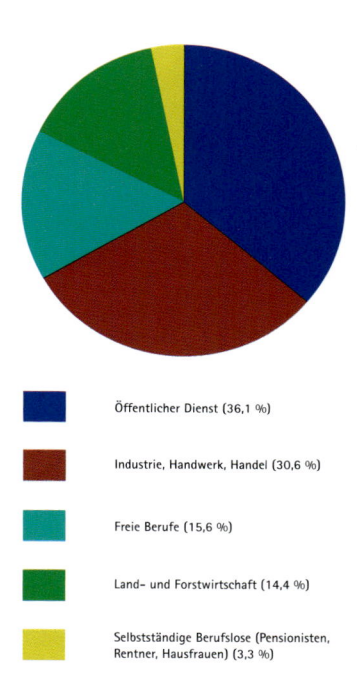

- Öffentlicher Dienst (36,1 %)
- Industrie, Handwerk, Handel (30,6 %)
- Freie Berufe (15,6 %)
- Land- und Forstwirtschaft (14,4 %)
- Selbstständige Berufslose (Pensionisten, Rentner, Hausfrauen) (3,3 %)

Berufsgruppen in der Verfassunggebenden Landesversammlung
Die Abgeordneten gehörten vorwiegend dem Öffentlichen Dienst sowie Industrie und Handwerk an. (Grafik, Haus der Bayerischen Geschichte)

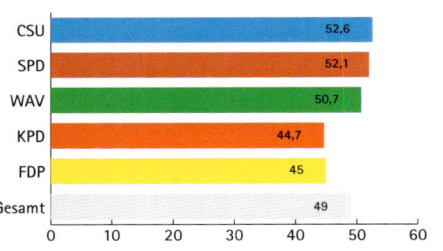

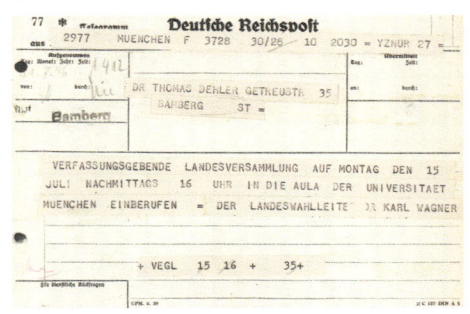

Einladungstelegramm für Eröffnungssitzung
Der bayerische FDP-Vorsitzende Thomas Dehler
wurde in Bamberg per Telegramm über den
Termin für die Eröffnungssitzung der Verfas-
sunggebenden Landesversammlung informiert.
(11.7.1946, Archiv des Liberalismus, Gummers-
bach, NL Dehler N1-371 Nr. 13)

Altersdurchschnitt der Fraktionen der Verfas-
sunggebenden Landesversammlung
Die jüngsten Fraktionen stellten KPD und FDP.
(Grafik, Haus der Bayerischen Geschichte)

Frauenanteil in der Verfassunggebenden Landes-
versammlung
Nur sechs von 180 Abgeordneten waren weiblich.
(Grafik, Haus der Bayerischen Geschichte)

Auf dem Weg zur Eröffnungssitzung
Der Leiter der US-Militärregierung General
Walter J. Muller begibt sich mit seinem Stab
zur Münchner Universität. (Foto, 15.7.1946,
Haus der Bayerischen Geschichte, bp-0494.1.1)

Schlusssitzung der Verfassunggebenden Landes-
versammlung
Gegen die Stimmen der KPD, WAV und FDP
billigten die Abgeordneten der SPD und CSU
den Verfassungsentwurf. (26.10.1946, Foto, Haus
der Bayerischen Geschichte, bp-0787.2.3)

„Um die Verfassungen"
Eindrücke von der Eröffnungssitzung der Ver-
fassunggebenden Landesversammlung am 15.
Juli 1946. (Die Neue Zeitung, Nr. 57, 19.7.1946,
S. 1, Ludwig-Maximilians-Universität München,
Bibliothek der Institute am Englischen Garten,
Zeitungsarchiv)

Eröffnungssitzung der Verfassunggebenden
Landesversammlung
Alle zehn Sitzungen fanden in der großen Aula
der Münchner Universität statt. (Foto, 15.7.1946,
Haus der Bayerischen Geschichte, bp-0494.1.6)

Sitzung des Verfassungsausschusses
Die entscheidenden Beratungen fanden im 21-
köpfigen Verfassungsausschuss der Verfassung-
gebenden Landesversammlung statt. (Foto, 1946,
Haus der Bayerischen Geschichte, bp-0857.2.1)

Bei den Maßkrügen
Alois Hundhammer, Wilhelm Hoegner und
Hans Ehard (v.l.n.r) gelten bis heute als Väter
der Bayerischen Verfassung. (Foto, 1960,
Dr. Richard Hundhammer, München)

33

Bayerischer Staatspräsident: ja oder nein?

Heiß diskutiert wurde die Einführung des Amtes eines bayerischen Staatspräsidenten. CSU und SPD waren in dieser Frage tief gespalten. Der altbayerisch-katholische Flügel um Alois Hundhammer befürwortete auf Seiten der CSU diese Idee. Bei der SPD setzte sich eine kleine Gruppe um Ministerpräsident Hoegner dafür ein, der sich selbst Hoffnungen auf das Amt machte. Die kleineren Parteien lehnten das Amt von vornherein ab. Ebenfalls umkämpft waren Schaffung und Kompetenzen einer Zweiten Kammer, Wahlrecht, Wirtschafts- und Schulsystem. Die amerikanische Militärregierung verfolgte den Fortgang der Verfassungsberatungen sehr genau. Ihre Einflussnahme erfolgte jedoch eher durch informelle Gespräche als durch direkte Befehle. Die bayerischen Politiker sollten das Gefühl haben, dass sie die Verfassung aus freien Stücken erarbeiteten. Dies sollte auch die Zustimmung der Bevölkerung für dieses Fundament einer neuen Demokratie erleichtern.

„Vergebliches Bemühen"
Der Plan Alois Hundhammers und Wilhelm Hoegners, das Amt eines bayerischen Staatspräsidenten zu schaffen, fiel nach der gescheiterten Abstimmung am 12. September wie ein Kartenhaus in sich zusammen. (Karikatur, Informationsblatt der Kommunistischen Partei, Landesbezirksleitung Bayern, Oktober 1946, Archiv für Christlich-Soziale Politik, München, NL Hundhammer 3)

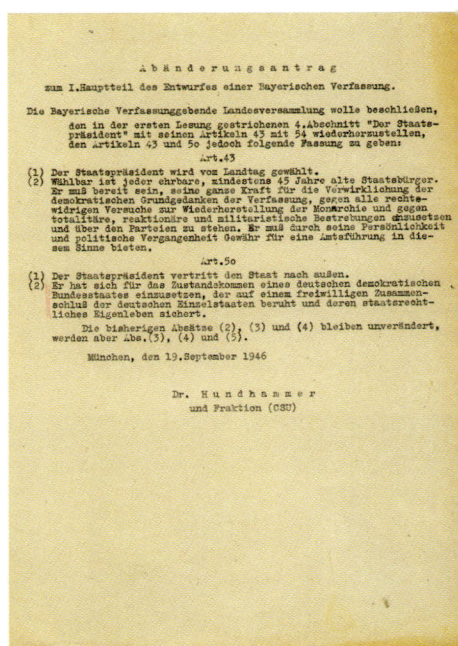

Abänderungsantrag CSU
Nach der Abstimmungsniederlage versuchte Alois Hundhammer erneut vergeblich, das Amt eines bayerischen Staatspräsidenten in der Bayerischen Verfassung zu verankern. (Bayerisches Hauptstaatsarchiv, München, NL Ehard 1638)

„Nach getaner Arbeit ... altbayerischer Verfassungstanz"
Wilhelm Hoegner und Alois Hundhammer tanzen um das bayerische Goldene Kalb, eine bekrönte Verfassungssäule. Löwe und Krone stehen für das von beiden Politikern geforderte Amt eines bayerischen Staatspräsidenten. (Karikatur, Der Simpl, 1. Jg. H. 11, September 1946, S. 136)

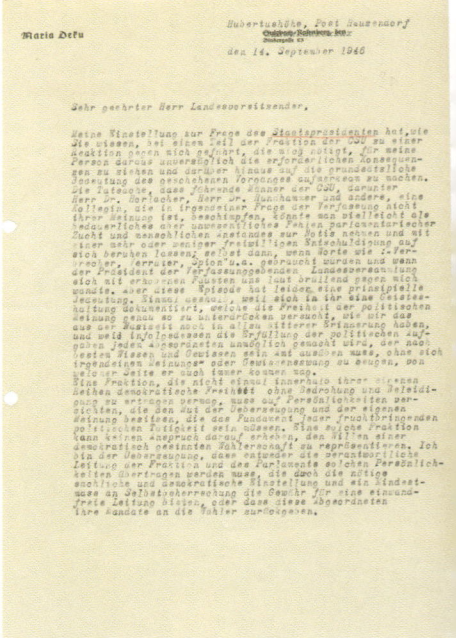

Beschwerdebrief Maria Dekus
In ihrem Schreiben an den CSU-Vorsitzenden Josef Müller beklagt Maria Deku das in ihren Augen schikanöse Verhalten einiger männlicher Fraktionskollegen ihr gegenüber. (14. 9. 1946, Archiv für Christlich-Soziale Politik, München, NL Josef Müller C 238)

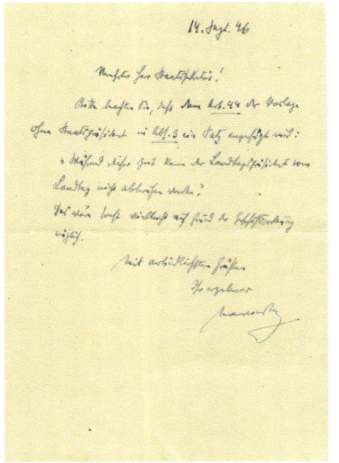

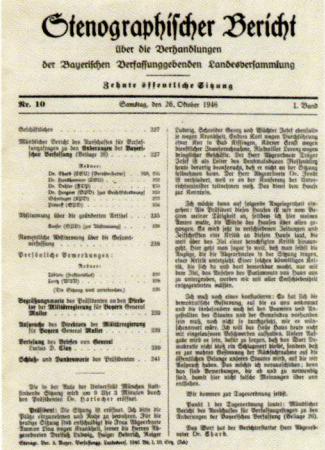

„Der elfenbeinerne Turm der Verfassung"
Der Karikaturist des „Simpl" kritisiert den in seinen Augen elitären Charakter der Bayerischen Verfassung. Für die einfache Bevölkerung sei der Text unverständlich. (Karikatur, Der Simpl, 1. Jg., H. 11, September 1946)

Notiz Hans Nawiaskys
Nach der Ablehnung des Staatspräsidenten informierte Nawiasky Hans Ehard darüber, dass im Falle des Rücktritts oder des Todes des Ministerpräsidenten nunmehr der Landtagspräsident die Vertretung Bayerns nach außen übernehme und in dieser Zeit nicht abberufen werden könne. (14. 9. 1946, Bayerisches Hauptstaatsarchiv, München, NL Ehard 1643)

„Aus dem Verfassungsausschuss"
Bei der Diskussion um das Wahlrecht wandten sich die kleinen Parteien gegen die Einführung einer Zehn-Prozent-Hürde auf Wahlkreisebene. (Fränkischer Tag, Nr. 60, 3.8.1946, S. 9, Ludwig-Maximilians-Universität München, Bibliothek der Institute am Englischen Garten, Zeitungsarchiv)

Schlusssitzung der Verfassunggebenden Landesversammlung
Am 26. Oktober 1946 sprachen sich die Mitglieder mit 136 zu 14 Stimmen für die Annahme des endgültigen Verfassungsentwurfs aus. (Sitzungsprotokoll, 26.10.1946, Bayerischer Landtag, München)

US-Genehmigungsschreiben für die Verfassung
Trotz seiner Zustimmung zur Verfassung weist General Clay jegliche Form eines bayerischen Separatismus zurück. (Abschrift, Archiv für Christlich-Soziale Politik, München, NL Anton Maier 38)

„Everything went off as planned"
Nach der Abstimmung am 26. Oktober 1946 meldete ein US-Beobachter der amerikanischen Militärregierung, dass die Verfassung wie geplant mit großer Mehrheit angenommen wurde. (Notiz für den Leiter der US-Zivilverwaltung in Bayern General Henry Parkman, 26. 10. 1946, Institut für Zeitgeschichte München-Berlin, Archiv, OMGUS 3/153-2/7)

Eine Verfassung von allen für alle

Die Bürger Bayerns waren aufgerufen, sich mit Vorschlägen aktiv an den Verfassungsverhandlungen zu beteiligen. Trotz der täglichen Not zeigten viele Bürger Interesse an den Inhalten der Verfassung. Manche von ihnen beklagten die mangelnde Information. Andere beteiligten sich mit ganzen Verfassungsentwürfen. Aus den Vorschlägen sprachen zum einen die bitteren Erfahrungen der Jahre 1933 bis 1945. Zu den Forderungen gehörten „ewige Neutralität Bayerns" und das Recht auf Kriegsdienstverweigerung. Zum anderen äußerten sich Bürger aus ganz Bayern zu Einzelfragen der Verfassung. Die Mehrzahl der Eingaben stammte von Juristen, Verwaltungsbeamten und Geistlichen. Die Schreiben richteten sich an die Verfassunggebende Landesversammlung, die Staatskanzlei und einzelne Parteivorsitzende. Viele Anregungen fanden Eingang in die Verfassungsberatungen.

„Die Verfassung im Werden"
Der Leiter der US-Militärregierung für Bayern, General Muller, wünschte am 8. März 1946 in seiner Rede vor dem Vorbereitenden Verfassungsausschuss, dass „Einzelpersonen und politische Gruppen … freimütig ihre Gedanken" in die Verfassungsberatungen einbringen. (Die Neue Zeitung, Nr. 20, 11.3.1946, S. 6, Ludwig-Maximilians-Universität München, Bibliothek der Institute am Englischen Garten, Zeitungsarchiv)

„Vorbereitung einer bayerischen Verfassung"
Bei der Eröffnungssitzung des Vorbereitenden Verfassungsausschusses am 8. März 1946 ließ die US-Militärregierung unter anderem verlauten, dass zum Thema Verfassung „lebhafte Debatten" in den bayerischen Zeitungen geführt werden sollten. (Süddeutsche Zeitung, Nr. 21, 12.3.1946, S. 1, Ludwig-Maximilians-Universität München, Bibliothek der Institute am Englischen Garten, Zeitungsarchiv)

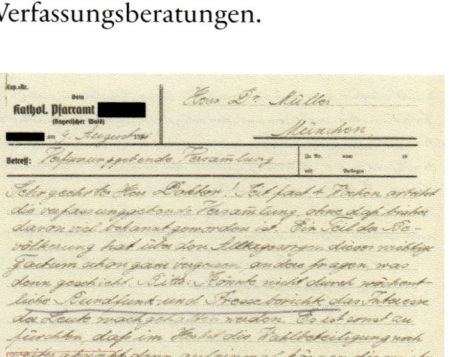

Kritik an Informationsmangel
Ein Pfarrer aus Bayrisch-Eisenstein bat um regelmäßige Rundfunk- und Presseberichte zur Verfassunggebung. (9. 8. 1946, Archiv für Christlich-Soziale Politik, München, NL Müller B 16)

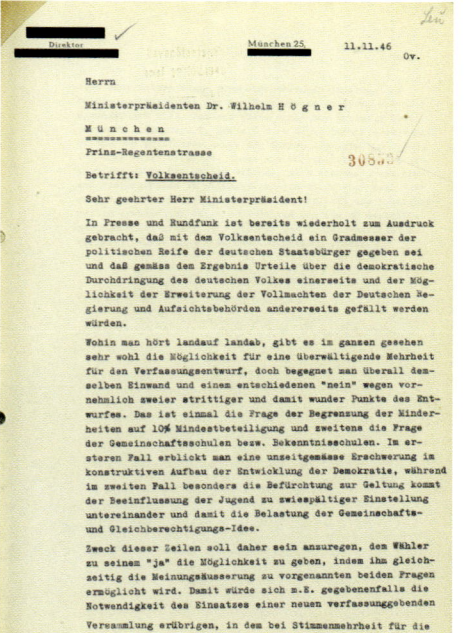

Volksentscheid über Einzelfragen der Verfassung
Ein Münchner Unternehmer plädierte dafür, dass die Bürger beim Volksentscheid nicht nur über die Verfassung als Ganzes, sondern auch über Einzelbestimmungen, wie die Zehn-Prozent-Hürde und die Einführung der Bekenntnisschule abstimmen dürfen. (11. 11. 1946, Bayerisches Hauptstaatsarchiv München, StK 10907)

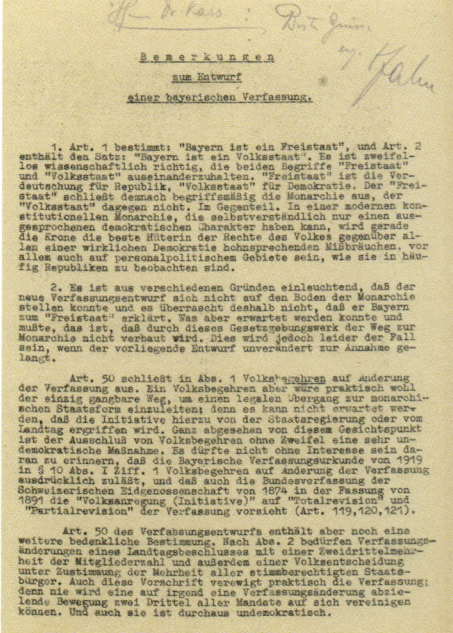

Plädoyer für die Wiedereinführung der Monarchie
Ein Adliger wandte sich gegen den Begriff „Freistaat" in der Verfassung, da er eine mögliche Rückkehr zur Monarchie verhindere. (Ende Juni 1946, Archiv für Christlich-Soziale Politik, München, NL Müller B16)

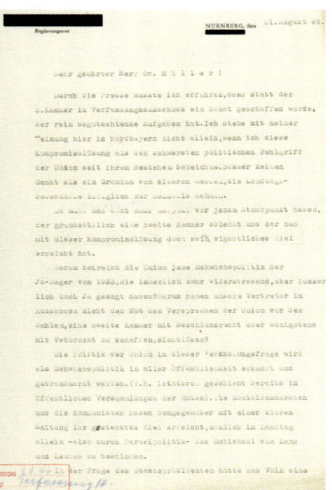

Zweite Kammer mit Vetorecht
Ein Regierungsrat aus Nürnberg forderte die Schaffung einer Zweiten Kammer mit Vetorecht bei der Gesetzgebung. (31.8.1946, Archiv für Christlich-Soziale Politik, München, NL Müller B16)

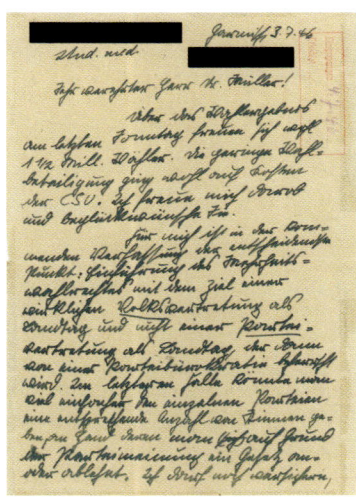

Vorschlag aus Garmisch-Partenkirchen
Ein Medizinstudent sprach sich für die Einführung des Mehrheitswahlrechts in Bayern aus. (3. 7. 1946, Archiv für Christlich-Soziale Politik, München, NL Müller B 16)

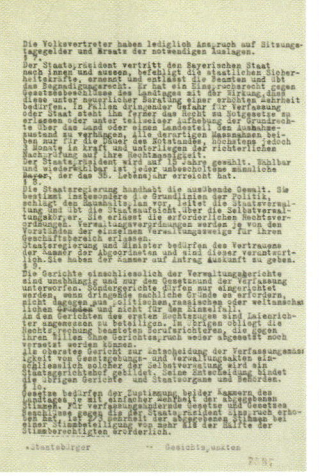

Verfassungsentwurf aus Nürnberg
Ein Notar schlug die Schaffung eines Staatspräsidenten mit weit reichenden Befugnissen vor. Für Umsturzversuche sollte die Todesstrafe gelten. Außerdem sollte die Verfassung in den Schulunterricht eingebunden werden. (15.3. 1946, Bayerisches Hauptstaatsarchiv München, StK 10901)

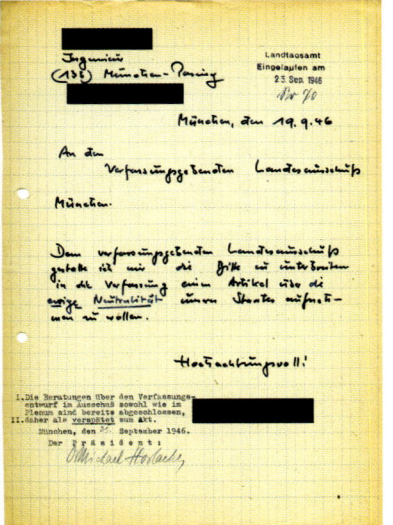

Ewige Neutralität für Bayern!
Als Lehre aus der Vergangenheit forderte ein Münchner Bürger die immer während Neutralität Bayerns. (19. 9. 1946, Bayerischer Landtag, Archiv, München)

Bei Nichterfolg: Parteiauflösung!
Ein Bürger aus München forderte als Lehre aus der Weimarer Republik die Auflösung von Parteien, die bei Landtagswahlen weniger als 10 Prozent der Stimmen erhalten. (28. 3. 1946, Bayerisches Hauptstaatsarchiv München, StK 10901)

Erziehung zur Demokratie
Ein Vertriebener aus dem Sudetenland machte den Vorschlag, jeden Bürger zu verpflichten, „sich selbst und die Jugend zu wahren Demokraten" zu erziehen. (25. 3. 1946, Bayerisches Hauptstaatsarchiv München, StK 10901)

Große Mehrheit für die Verfassung

Der Volksentscheid über die Annahme der Verfassung fand gleichzeitig mit der Landtagswahl am 1. Dezember 1946 statt. Im Wahlkampf warben CSU und SPD um Zustimmung für die Verfassung, die die kleineren Parteien ablehnten. Von den etwa vier Millionen Wahlberechtigten machten 75,7 Prozent von ihrem Stimmrecht Gebrauch. 70,6 Prozent Ja-Stimmen waren ein deutliches Ergebnis. Allerdings gab es erhebliche regionale Unterschiede. Neben den Anhängern der kleinen Parteien stimmten auch auf dem linken SPD-Flügel (Protest gegen Schulform) und dem rechten CSU-Flügel (Scheitern des Staatspräsidenten) Wähler gegen die Annahme der Verfassung. Würde man das Abstimmungsergebnis auf die Gesamtzahl aller Stimmberechtigten hochrechnen, läge die Zustimmung zur Verfassung bei nur 49,65 Prozent. Bei der Landtagswahl bestätigte sich der Trend der vorangegangenen Wahlen: Die CSU behauptete die Spitzenposition und erlangte erneut die absolute Mehrheit.

„Waehlerkarte" für Hans Ehard
Am 1. Dezember 1946 waren 4,2 Millionen Bayern zur Abstimmung über die Bayerische Verfassung und zur Wahl des Bayerischen Landtags aufgerufen. (24. 10. 1946, Bayerisches Hauptstaatsarchiv, München, NL Ehard 22)

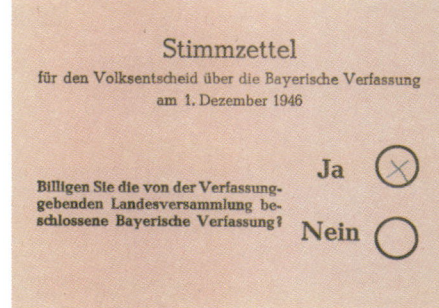

Stimmzettel: Volksentscheid über die Annahme der Verfassung
Fast 76 Prozent der Wahlberechtigten machten von ihrem Wahlrecht Gebrauch. Allerdings lag der Anteil an ungültigen Stimmen beim Volksentscheid mit 7,1 Prozent deutlich über dem der Landtagswahl von 4,4 Prozent. (1946, Bayerisches Landesamt für Statistik und Datenverarbeitung, München)

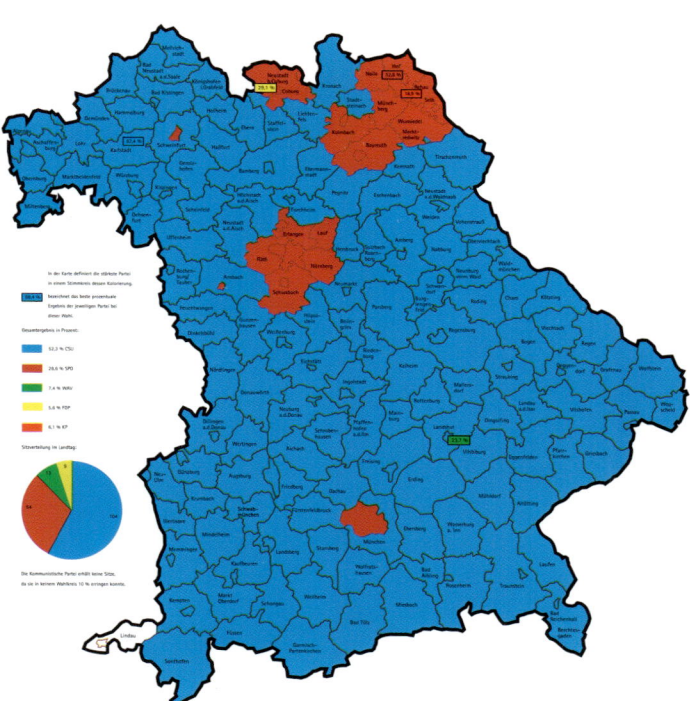

Ergebnis der Landtagswahl 1946 (Einfärbung der Stimmkreise nach jeweiliger Mehrheitspartei)
Auch bei der ersten Landtagswahl errang die CSU die absolute Mehrheit. Trotz eines landesweiten Stimmenanteils von 6,1 Prozent verfehlte die KPD den Einzug in den Landtag, da sie in keinem Wahlkreis die Zehn-Prozent-Hürde überwinden konnte. Dies gelang der WAV in Oberbayern und der FDP in Ober- und Mittelfranken mit jeweils 10,9 Prozent. (Karte, Haus der Bayerischen Geschichte)

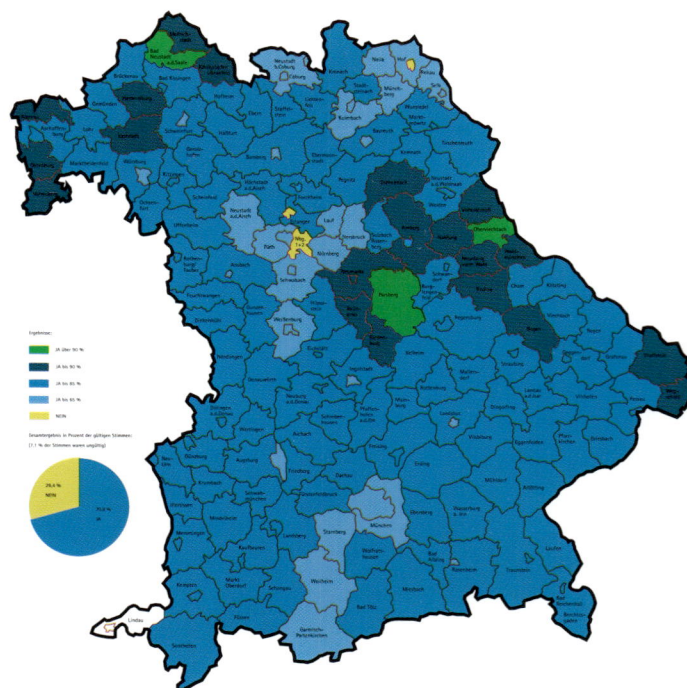

Ergebnis des Volksentscheids über die Annahme der Bayerischen Verfassung
Am 1. Dezember 1946 nahm die bayerische Bevölkerung den Verfassungsentwurf mit fast 71 Prozent der Stimmen an. Allerdings gab es bedeutende regionale Unterschiede: Während in Niederbayern/Oberpfalz 80,6 Prozent Ja-Stimmen gezählt wurden, votierten in Oberfranken/Mittelfranken nur 63,6 Prozent der Wähler für die Verfassung. In vier Stimmkreisen sprach sich eine knappe Mehrheit der Wähler sogar gegen die Verfassung aus: Nürnberg I und II, Erlangen-Stadt und Hof-Stadt. Die höchste Zustimmung wurde mit über 90 Prozent in Bad Neustadt a.d. Saale sowie in Parsberg und Oberviechtach erzielt. (Karte, Haus der Bayerischen Geschichte)

„Michel wach auf – Dich ruft die deutsche Sozialdemokratie!"
Die amerikanische Militärregierung nahm auch auf den Wahlkampf zur ersten Landtagswahl 1946 Einfluss. Dieses SPD-Plakat wurde wegen seiner brisanten Anspielungen verboten. (1946, Archiv der sozialen Demokratie, Bonn, 6/PLKA 000111)

„Glaube, Recht, Freiheit"
Die CSU versuchte, als neue christliche Sammlungspartei im Nachkriegsbayern breite Wählerschichten anzusprechen. (Plakat, Archiv für Christlich-Soziale Politik, München, Pl-4463)

„Schluß mit Bürokratie und Planwirtschaft!"
Im Gegensatz zu CSU und SPD lehnten die kleineren Parteien FDP, KPD und WAV den Verfassungsentwurf ab. Die Liberalen wandten sich vor allem gegen eine vom Staat gelenkte Wirtschaftsordnung. (Plakat, 1946, Ströer, Deutsche Städte Medien GmbH, München, Plakatsammlung)

„Wähler und Wählerinnen!"
Die WAV stellte sich gegenüber der Wählerschaft als neue, unverbrauchte und unbelastete politische Kraft in Bayern dar. (Plakat, 1946, Archiv der sozialen Demokratie, Bonn, 6/PLKA006178)

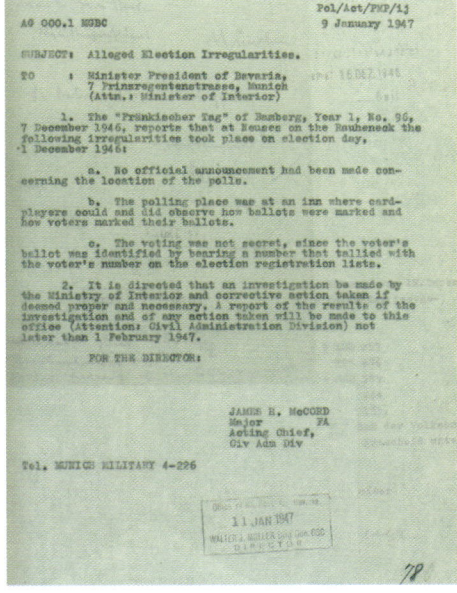

„Wie man sich bettet, so liegt man"
Die KPD sah in der Bayerischen Verfassung eine Gefahr für die Einheit Deutschlands und lehnte sie deshalb ab. (Plakat, 1946, Bundesarchiv Koblenz, Plakatsammlung)

Ministerpräsident Hoegner bei der Stimmabgabe
Wilhelm Hoegner hatte die Verfassungsberatungen entscheidend mitgeprägt. Nach der Landtagswahl trat er als Ministerpräsident zurück. (Foto, 1.12.1946, Haus der Bayerischen Geschichte, bp-0943.2.6)

„Verfassung abgelehnt"
Bei einer „Abstimmung" in einer Münchner Oberschule lehnten 24 der 28 Schüler die Bayerische Verfassung ab. Hauptkritikpunkt bei den 18- bis 20-jährigen „Wählern" war die „zu starke" Betonung der Eigenstaatlichkeit Bayerns. (Münchner Mittag, 29.11.1946, Archiv für Christlich-Soziale Politik, München, NL Hundhammer 3)

Meldung über angebliche Wahlunregelmäßigkeiten
Die US-Militärregierung forderte von Ministerpräsident Hoegner Aufklärung um die Vorgänge im oberfränkischen Neuses. Dort war die Wahl angeblich weder öffentlich angekündigt noch geheim abgehalten worden. (9. 1. 1947, Bayerisches Hauptstaatsarchiv, München, StK 11402)

Das verschwundene Original der Verfassung

Nach der Annahme durch den Volksentscheid fertigte Ministerpräsident Wilhelm Hoegner die Bayerische Verfassung am 2. Dezember 1946 aus. Mit der Verkündung im Gesetz- und Verordnungsblatt trat sie am 8. Dezember 1946 in Kraft. Von ihrem Original fehlt bis heute jede Spur. 1947 stellte sich zudem heraus, dass auf dem Weg der Verfassunggebung ein Absatz des ursprünglichen Entwurfs des Verfassungsausschusses verloren gegangen war. Mit dem Inkrafttreten der Verfassung erlangte Bayern deutlich größere Selbstständigkeit als zuvor. Dennoch übte auch weiterhin die amerikanische Militärregierung die Oberhoheit aus und behielt sich beispielsweise die Genehmigung von Gesetzen vor.

Steckbrief
Trotz intensiver Suche konnte bis heute das Original der Bayerischen Verfassung von 1946 nicht gefunden werden. (Grafik, Haus der Bayerischen Geschichte)

„Der Anstich"
Der Münchner „Simpl", der die Verfassungsberatungen 1946 in Bayern besonders kritisch begleitete, zweifelt an ihrem Erfolg. (Karikatur, Der Simpl, 1. Jg., H. 11, September 1946)

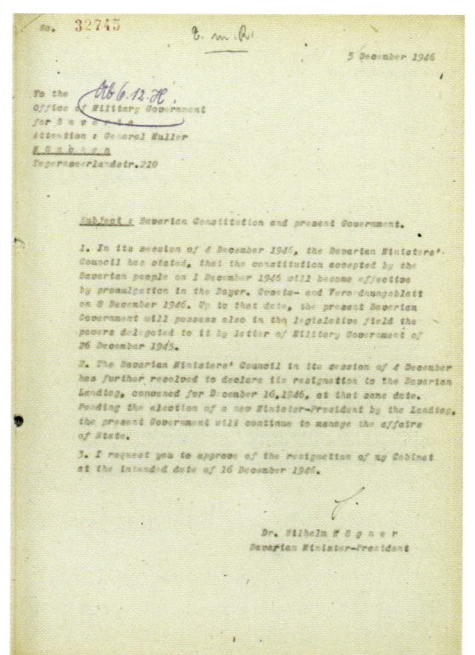

Mitteilung über den Zeitpunkt des Inkrafttretens der Bayerischen Verfassung
Ministerpräsident Hoegner benachrichtigt die US-Militärregierung, dass die neue Bayerische Verfassung mit der Veröffentlichung im Gesetz- und Verordnungsblatt am 8. Dezember 1946 in Kraft treten werde. (5.12.1946, Bayerisches Hauptstaatsarchiv, München, StK 10907)

„Verfassung gültig?"
In der Einleitung dieses ersten wissenschaftlichen Nachschlagewerks zur Verfassung wird bemängelt, dass darin eine Bestimmung über ihr Inkrafttreten fehle; damit sei unsicher, ob sie überhaupt gültig sei. (Mühlthalers Buch- und Kunstdruckerei, München 1948, Bayerisches Hauptstaatsarchiv, München, NL Ehard 1639)

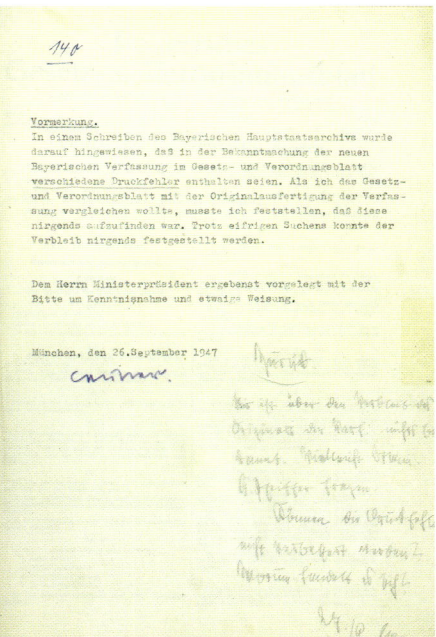

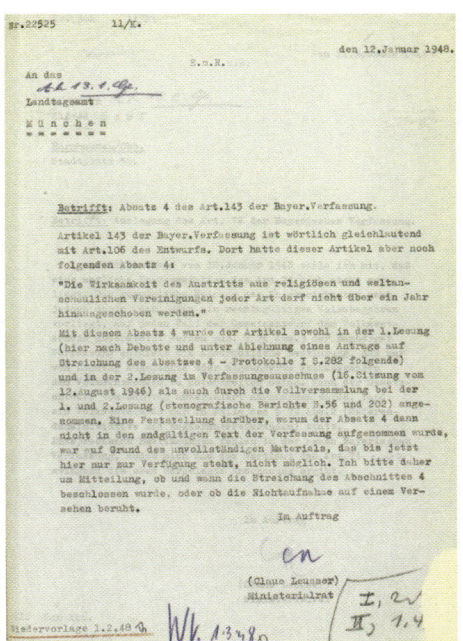

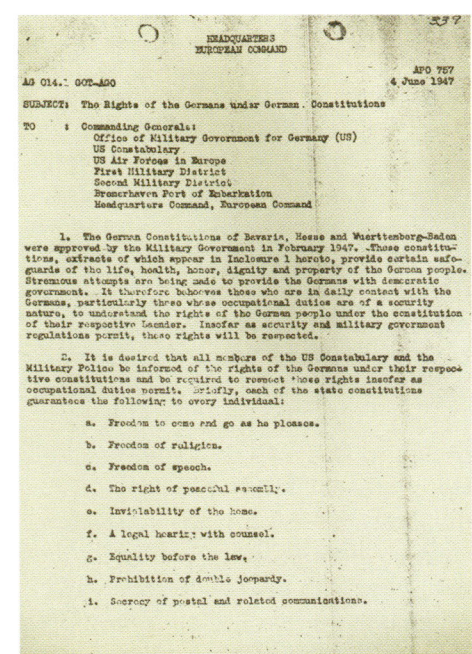

Wo ist das Original der Bayerischen Verfassung?
Weder Ministerialrat Leusser noch Ministerpräsident Ehard ist der Verbleib der Originalausfertigung der Bayerischen Verfassung bekannt. Die Billigung des Dokuments durch die Verfassunggebende Landesversammlung lag im September 1947 erst ein Jahr zurück. (26.9. 1947, Bayerisches Hauptstaatsarchiv, München, StK 10907)

Verschwundene Verfassungsbestimmungen
Die Staatskanzlei fordert vom Landtagsamt Aufklärung über Passagen der angenommenen Verfassung, die sich nicht in der Druckfassung der Bayerischen Verfassung finden lassen. Im Antwortschreiben wird die Nichtaufnahme des Absatzes auf ein Versehen des Landtagsamtes zurückgeführt. (12. 1. 1948, Bayerisches Hauptstaatsarchiv, München, StK 10909)

Information über die Grundrechte der deutschen Bevölkerung
Das europäische Hauptquartier der US-Streitkräfte teilt den US-Behörden in Deutschland mit, dass sich durch die Annahme der Verfassungen in Staaten der US-Zone der Rechtsstatus der Deutschen verändert habe. Die Bevölkerung verfüge jetzt über Grundrechte, die auch von der amerikanischen Besatzungsmacht zu respektieren seien. (4. 6. 1947, S. 1, Institut für Zeitgeschichte München-Berlin, Archiv, OMGUS 3/153-2/6)

NACH DER SCHLACHT   M. Radler

„Was hast du denn dauernd zu studieren?" — „Die Verfassung . . . !
Man muß doch schließlich einmal wissen, wofür man gestimmt hat!"

„Nach der Schlacht"
Die Karikatur zur Abstimmung über die Bayerische Verfassung macht sich darüber lustig, dass viele Menschen am Wahltag nicht wussten, worüber sie eigentlich abgestimmt hatten. Umfragen vor dem Volksentscheid und die hohe Zahl an ungültigen Stimmen bestätigen die Einschätzung des Karikaturisten. (Der Simpl., 2. Jg., H. 1, Jan. 1947, S. 7, Ludwig-Maximilians-Universität München, Bibliothek der Institute am Englischen Garten, Zeitungsarchiv)

Geteilte Macht

Bayern ist ein Freistaat, dies bedeutet, Bayern ist eine Republik (im Gegensatz zu einer Monarchie). Träger der Macht ist das Volk, das in Wahlen Befugnisse an Amtsträger auf Zeit verleiht. Gemäß den Grundsätzen eines demokratischen Rechtsstaats ist die staatliche Gewalt geteilt: auf den Landtag als gesetzgebende Gewalt, die Staatsregierung als ausführende Gewalt und die obersten Gerichte als Recht sprechende Gewalt. In Bayern ist der Grundsatz der Gewaltenteilung nicht nur im Nebeneinander der Staatsorgane verwirklicht, sondern auch im Nacheinander staatlicher Ebenen. Unterhalb der Landesebene sind im Freistaat sieben Regierungsbezirke angesiedelt, die sich in Landkreise und kreisfreie Städte gliedern. Die unterste Ebene des Staatsaufbaus bilden die Gemeinden eines Landkreises. Nach der Verfassung ist Bayern ein Rechts-, Kultur- und Sozialstaat. Er ist dem Gemeinwohl verpflichtet.

Bayerischer Landtag
Der Bayerische Landtag tagt seit 1949 im Münchner Maximilianeum, das 1874 als Sitz der Königlichen Studienstiftung vollendet worden war. (Foto, Bayerischer Landtag, München)

Bayerische Staatskanzlei
Der Neubau der Bayerischen Staatskanzlei wurde von 1989 bis 1993 am Hofgarten in München errichtet. (Foto, Roman von Götz, Regensburg)

Rathaus der Gemeinde Üchtelhausen
Die 2056 Gemeinden Bayerns bilden das Fundament des Freistaats. (Foto, Gemeinde Üchtelhausen)

Eröffnungssitzung des Kreistags Miltenberg
Der Kreistag ist das wichtigste Organ eines Landkreises. Er kontrolliert die Arbeit der Kreisverwaltung und wird von den Bürgern auf sechs Jahre gewählt. (Foto, Landratsamt Miltenberg)

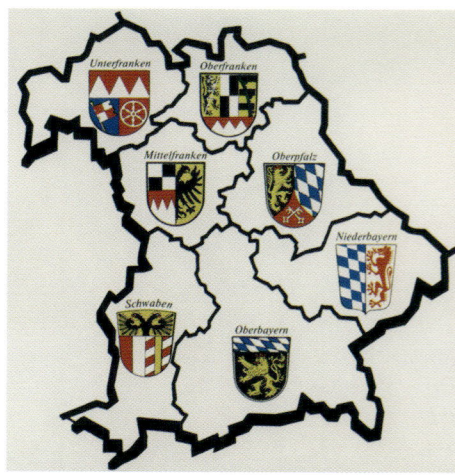

Die bayerischen Regierungsbezirke
Die sieben Regierungsbezirke sind deckungsgleich mit den Wahlkreisen für die Landtagswahlen. (Karte, Bayerischer Landtag, München)

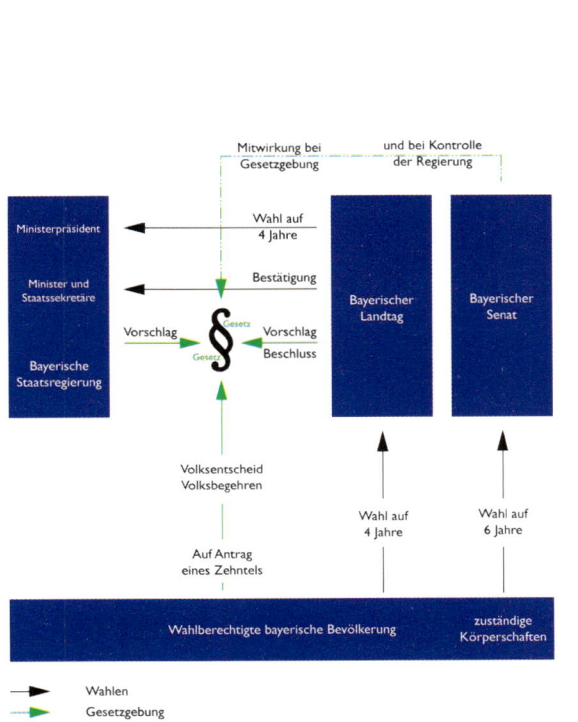

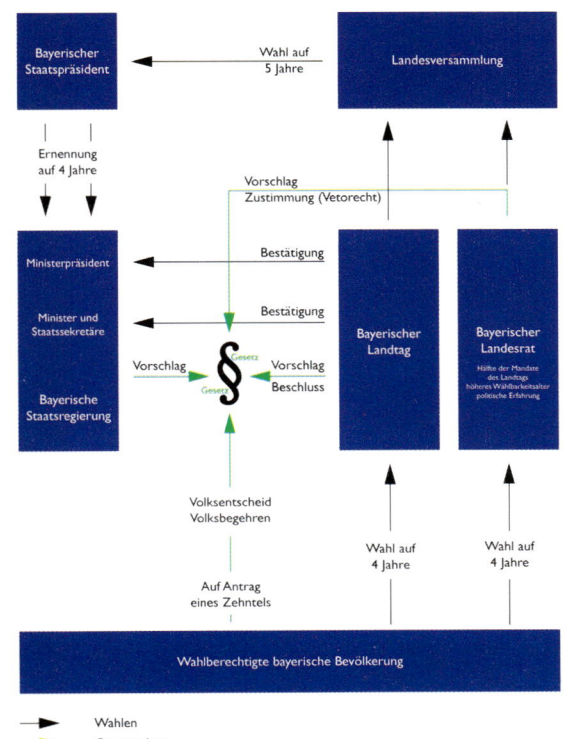

Staatsaufbau nach der Bayerischen Verfassung von 1946
Die Macht liegt in Bayern nicht in den Händen eines Einzelnen, sondern ist auf mehrere Gewalten verteilt. (Grafik, Haus der Bayerischen Geschichte)

Alternative zum Staatsaufbau
Die nicht verwirklichten Alternativvorschläge des Vorbereitenden Verfassungsausschusses sahen die Schaffung eines Staatspräsidenten und einer Zweiten Kammer mit Vetorecht vor. (Grafik, Haus der Bayerischen Geschichte)

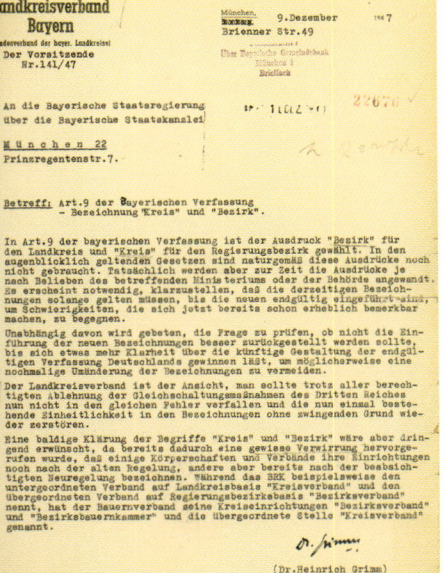

Vereidigung von Ministerpräsident Hanns Seidel durch Hans Ehard
Alle Mitglieder der Staatsregierung legen seit 1946 vor dem Landtagspräsidenten den Eid auf die Bayerische Verfassung ab. (Foto, 16.10.1957, Bayerischer Landtag, München)

Vereidigung der Bezirksräte der Oberpfalz
Die Mitglieder der Bezirkstage werden bis heute sowohl auf die Bayerische Verfassung als auch auf das Grundgesetz der Bundesrepublik Deutschland vereidigt. (Foto, Pressestelle des Bezirks Oberpfalz, Regensburg)

Eingabe des Landkreisverbands Bayern
Die bayerische Staatsregierung wird darüber informiert, dass in ganz Bayern Verwirrung über die Bezeichnung „Kreis" und „Bezirk" in der Bayerischen Verfassung herrsche. Entgegen dem Wortlaut des Artikels 9 werde allgemein von Regierungsbezirken und nicht von Kreisen gesprochen. (9.12.1947, Bayerisches Hauptstaatsarchiv, München, StK 10909)

Amtsschilder der bayerischen Staatsministerien
Die oberste Regierungsgewalt ist in Bayern auf die Staatskanzlei und zehn Staatsministerien verteilt. (Fotos, Bayerisches Staatsministerium für Wissenschaft, Forschung und Kunst, München)

Die Verfassung als Schutzschild

Die Bayerische Verfassung von 1946 enthält umfangreiche Grundrechte. Ältere Grundrechte wurden übernommen, wie etwa die Garantie der Glaubens- und Gewissensfreiheit, der freien Meinungsäußerung, der Pressefreiheit oder der Gleichheit vor dem Gesetz. Die Erfahrung der NS-Diktatur schuf neue Grundrechte, wie das Asylrecht und das Recht des Einzelnen, gegen Verfassungsverletzungen zu klagen. Die Einhaltung der Grundrechte, neben denen eine Reihe von Grundpflichten steht, ist für alle Staatsorgane verbindlich. Demnach ist es unter anderem verboten, Rassen- und Völkerhass zu entfachen. Alle Bayern sind zur Übernahme von Ehrenämtern sowie zur gegenseitigen Hilfe bei Unglücks- und Notfällen verpflichtet.

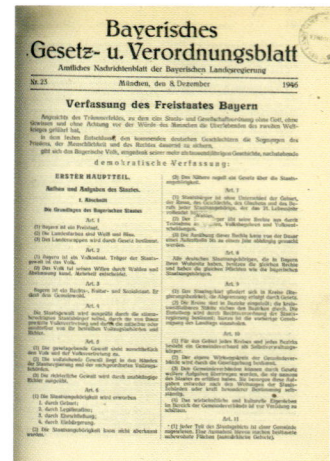 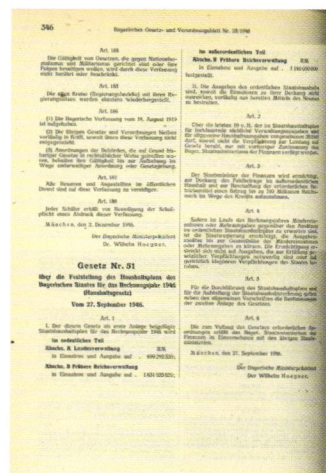

Veröffentlichung der Bayerischen Verfassung
Nachdem Ministerpräsident Wilhelm Hoegner die Bayerische Verfassung am 2. Dezember 1946 unterschrieben hatte, trat sie durch ihre Veröffentlichung im Gesetz- und Verordnungsblatt am 8. Dezember 1946 in Kraft. (Bayerisches Gesetz- und Verordnungsblatt, Nr. 23 vom 8.12.1946, Haus der Bayerischen Geschichte)

Sozialer Wohnungsbau: Wohnanlage Bamberg-Ochsenanger
Jeder Bewohner Bayerns hat nach der Verfassung „Anspruch auf eine angemessene Wohnung". Im Jahr 2005 wurde der Bau von 5 383 Wohnungen staatlich gefördert, darunter 1583 Mietwohnungen. (Foto, Bayerisches Staatsministerium des Innern, Oberste Baubehörde, München)

Demonstration gegen die Wiederaufbereitungsanlage in Wackersdorf
1986 fanden Demonstrationen gegen die geplante nukleare Wiederaufbereitungsanlage im oberpfälzischen Wackersdorf statt. Solange öffentliche Kundgebungen friedlich bleiben, sind sie vom Recht der freien Meinungsäußerung und vom Versammlungsrecht in der Bayerischen Verfassung gedeckt. (Foto, 9. 2. 1986, Bayerischer Landtag, München)

Petitionen an den Bayerischen Landtag (1946–2003)
Nach der Bayerischen Verfassung haben alle Bewohner Bayerns das Recht, sich schriftlich mit Bitten oder Beschwerden an die zuständigen Behörden oder den Bayerischen Landtag zu wenden (Petitionsrecht). Bis Sommer 2003 gingen über 150 000 Petitionen ein. (Statistik, Bayerischer Landtag, München)

Die Frauen und die neue Verfassung

„Die Frauen und die neue Verfassung"
Die CSU warb bei weiblichen Wählern unter anderem mit der Gleichberechtigung von Frauen und Männern um Zustimmung zur Verfassung. (Mitteilung der Christlich-Sozialen Union, Nr. 4, 1946, Archiv für Christlich-Soziale Politik, München)

Registrierung beim Arbeitsamt

„Beruf?"

„Hausfrau! Kochen, waschen, nähen, putzen, anstehen, Kinder versorgen —"

„Also arbeitslos!!"

„Registrierung beim Arbeitsamt"
Frauen und Männer haben dieselben staatsbürgerlichen Rechte und Pflichten. Der Karikaturist der Passauer Neuen Presse sah jedoch Schwierigkeiten bei der Umsetzung dieser Gleichberechtigung im täglichen Leben der Nachkriegszeit. (Karikatur, Passauer Neue Presse, Nr. 51, 30. 7. 1946, S. 6, Ludwig-Maximilians-Universität München, Bibliothek der Institute am Englischen Garten, Zeitungsarchiv)

Erfolgreiche Petition (3. November 2004)
Ein Schausteller beklagt sich über das Verbot eines Landratsamts, ein eigenes Grundstück weiterhin als Abstellplatz nutzen zu dürfen. Der Petitionsausschuss des Bayerischen Landtags hält das Anliegen für berechtigt und bittet die Staatsregierung um Aufhebung des Nutzungsverbots. (Bayerischer Landtag, München)

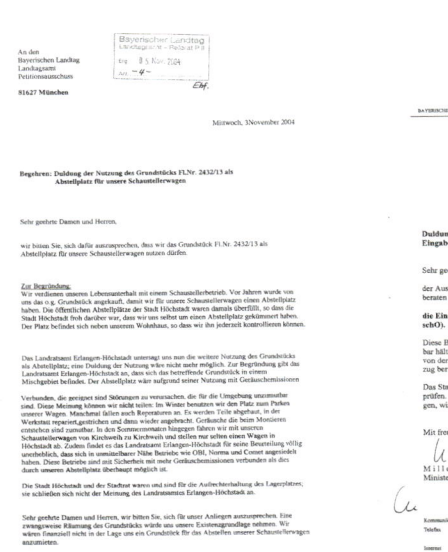

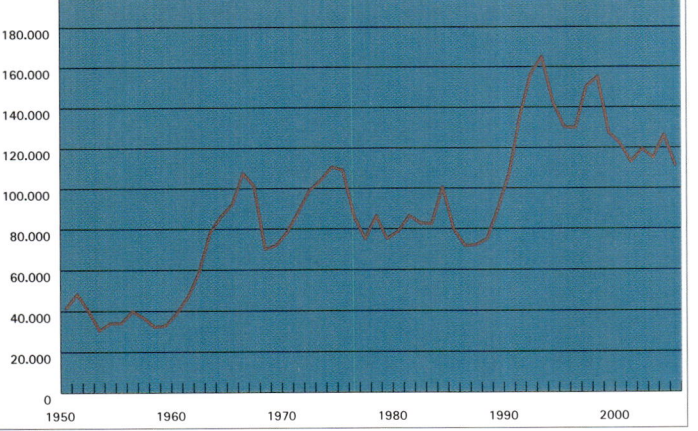

Auswanderung aus Bayern (1947–2005)
Artikel 109 Absatz 2 der Verfassung gewährt allen Bewohnern Bayerns das Recht, in einen anderen Staat auszuwandern. Seit 1950 sind fast fünf Millionen Menschen aus Bayern ausgewandert. Dieser Verlust wurde durch Zuzüge aus dem In- und Ausland mehr als ausgeglichen. (Statistik, Bayerisches Landesamt für Statistik und Datenverarbeitung, München)

„Auf dem Weg nach Amerika!"
Das Skilehrerehepaar Sepp und Gretl Uhl wanderte 1953 zusammen mit Tochter Renate von Garmisch-Partenkirchen nach Aspen/Colorado (USA) aus. (Foto, Anton Uhl, Basalt/Colorado, USA)

Schützen und fördern

Die Bayerische Verfassung stellt mehrere Bereiche des öffentlichen und privaten Lebens unter ihren besonderen Schutz: Ehe, Familie und Kinder; Bildung und Schule; natürliche Lebensgrundlagen und kulturelle Überlieferung; Religion und Religionsgemeinschaften. Aufgrund dieser Bestimmungen ist beispielsweise jede Verächtlichmachung der Religion strafbar. Ferner soll die Jugend gegen Ausbeutung und Verwahrlosung geschützt werden. Jedem Kind soll eine seinen Fähigkeiten entsprechende Ausbildung ermöglicht werden. Schließlich verpflichtet die Bayerische Verfassung Staat und Gemeinden zur Förderung von Kunst und Wissenschaft, zum Hochschulbau sowie zu Denkmal- und Naturschutz.

Fresko von Giovanni Battista Tiepolo
Ausschnitt aus dem frisch restaurierten Deckenfresko im Treppenhaus des Weltkulturerbes Würzburger Residenz (Bayerische Verwaltung der staatlichen Schlösser, Gärten und Seen, München)

„Alles, was ist, endet."
In der Spielzeit 2006/07 inszeniert die Bayerische Staatsoper Wagners „Ring des Nibelungen"
(Plakat, Bayerische Staatsoper, München)

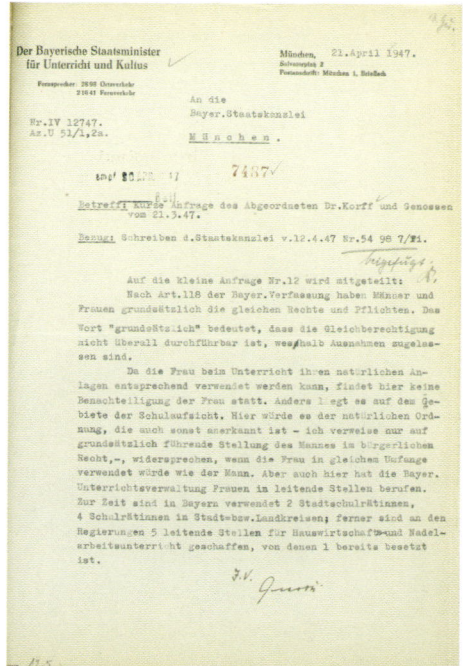

Frauen und Männer „grundsätzlich" gleichberechtigt?
In Beantwortung einer Anfrage des Abgeordneten Wilhelm Korff (FDP) weist das Kultusministerium darauf hin, dass nach der Verfassung Frauen und Männer nur „grundsätzlich" gleichberechtigt seien. Bei der Schulaufsicht „würde es der natürlichen Ordnung ... widersprechen, wenn die Frau in gleichem Umfange verwendet würde wie der Mann". (21. 4. 1947, Bayerisches Hauptstaatsarchiv, München, StK 10909)

Neue Schulbücher
Zwei Grundschüler blättern in ihren neuen Lesebüchern. Der Mangel an geeigneten Schulbüchern erschwerte den Wiederbeginn des Unterrichts nach dem Krieg. (Foto, 3. 10. 1946, Haus der Bayerischen Geschichte, bp-0708.3.8)

„Fort mit diesem Gespenst!"
Die KPD wandte sich bei den Verfassungsberatungen 1946 strikt gegen die Einführung der Bekenntnisschule als Regelschule. (Plakat, Ströer, Deutsche Städte Medien GmbH, Plakatsammlung München)

Vereidigung auf die Bayerische Verfassung
Ansprache des Ministerpräsidenten Alfons Gop-
pel bei der Vereidigung Joseph Ratzingers zum
Erzbischof von München und Freising. (Foto,
6. 5. 1977, Archiv des Erzbistums München-
Freising)

Das Asamhaus in München
Seit 1973 wurden in Bayern 142 000 Bau- und
Kunstdenkmäler sowie 45 000 Bodendenkmäler
erfasst. Die Bayerische Verfassung verpflichtet
Staat, Gemeinden und Körperschaften des öf-
fentlichen Rechts, diese Denkmäler zu schützen
und zu pflegen. (Foto, Michael Forstner, Baye-
risches Landesamt für Denkmalpflege, München)

„Der Bayerische Bekenntnis-Kindergarten"
Der Karikaturist nimmt Bezug auf die Ver-
fassungsbestimmung, nach der im Volksschul-
bereich die Bekenntnisschule, an der nach
Konfessionen getrennt unterrichtet wurde, die
Regelschule sein sollte. Abgebildet sind folgende
Politiker (v.l.n.r.): Thomas Dehler (FDP), Alfred
Loritz (WAV), Wilhelm Hoegner (SPD), Hans
Ehard, Anton Pfeiffer, Josef Baumgartner und
Alois Hundhammer (alle CSU). Im Hinter-
grund steht ein weinender Vertreter der KPD,
die bei der Landtagswahl an der Zehn-Prozent-
Hürde gescheitert war. (Karikatur, Der Simpl,
2. Jg. H. 2, Jan. 1947, Titelblatt, Ludwig-Maximi-
lians-Universität München, Bibliothek der Insti-
tute am Englischen Garten, Zeitungsarchiv)

Abschluss des Konkordats 1968
1968 unterschrieben Ministerpräsident Alfons
Goppel und der Päpstliche Nuntius Corrado
Baffile ein Schulabkommen zwischen dem
Freistaat Bayern und dem Vatikan. (Foto, Baye-
rischer Landtag, München)

Winterlandschaft im Nationalpark Bayerischer
Wald
Die Bayerische Verfassung sichert den „freien
Zugang zu den Naturschönheiten". 1970 wurde
im Bayerischen Wald der erste Nationalpark
Deutschlands gegründet. Diese Wald- und Mit-
telgebirgslandschaft blieb seither einer weitge-
hend vom Menschen unbeeinflussten Entwick-
lung überlassen. (Foto, Naturpark Bayerischer
Wald e.V., Zwiesel)

Grundsteinlegung für die Erweiterung der
Universität Augsburg
Am 23. Oktober 1974 erfolgte die Grundstein-
legung für die umfangreichen Neubauten der
Universität Augsburg durch Kultusminister
Hans Maier. Der Vorlesungsbetrieb hatte bereits
1970 begonnen. (Foto, Universität Augsburg)

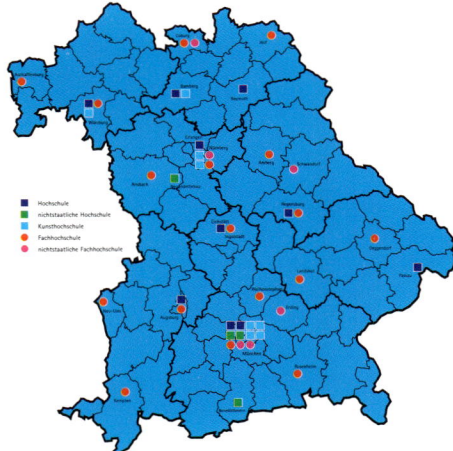

Hochschulen in Bayern
In Bayern bestehen derzeit zehn staatliche Uni-
versitäten (an 12 Standorten) und 22 Fachhoch-
schulen (an 26 Standorten). (Karte, Haus der
Bayerischen Geschichte)

Im Dienst des Gemeinwohls

Die „gesamte wirtschaftliche Tätigkeit" steht laut Bayerischer Verfassung im Dienst des Gemeinwohls.
Erklärte Ziele sind dabei: die „Gewährleistung eines menschenwürdigen Daseins für alle" und die „allmähliche Erhöhung der Lebenshaltung aller Volksschichten". Die sowohl im Vorentwurf Wilhelm Hoegners als auch im Entwurf des Vorbereitenden Verfassungsausschusses vorgesehene „Planwirtschaft" scheiterte am Widerstand der US-Militärregierung. Erhalten blieb hingegen die Möglichkeit, große Betriebe im öffentlichen Interesse zu enteignen. Ferner darf der Staat „die geordnete Herstellung und Verteilung der wirtschaftlichen Güter zur Deckung des notwendigen Lebensbedarfes der Bevölkerung" überwachen. Die Verfassung ermöglicht die Einführung von Mindestlöhnen und verbietet Preisabsprachen und Monopolbildungen.

Bauern auf dem Weg zum Markt 1946
Im Zeichen von Hunger und Not waren landwirtschaftliche Produkte in der Nachkriegszeit heiß begehrt. (Foto, Haus der Bayerischen Geschichte, bp-0636)

Industriestandorte in Bayern
Die Übersichtskarte gab 1947 auf der Exportschau im Münchner Haus der Kunst einen Eindruck von der Verteilung der Industriestandorte in Bayern. (Foto, Haus der Bayerischen Geschichte, bp-1578)

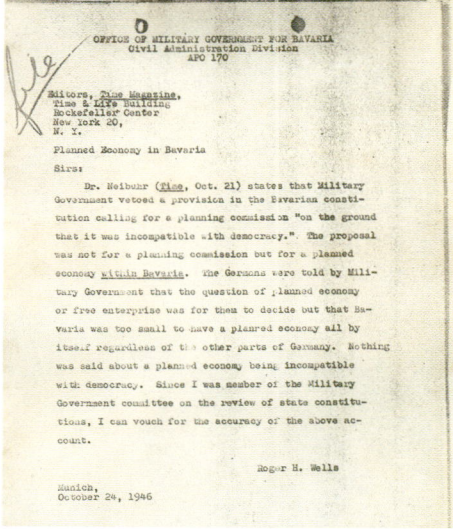

Planwirtschaft und Demokratie: ein Gegensatz?
Der Leiter der amerikanischen Zivilverwaltung, Roger H. Wells, betont gegenüber dem Time Magazine, dass die Planwirtschaft an sich nicht undemokratisch sein müsse, Bayern dafür aber zu klein sei. (24. 10. 1946, Institut für Zeitgeschichte München-Berlin, Archiv, OMGUS 17/255-2/21)

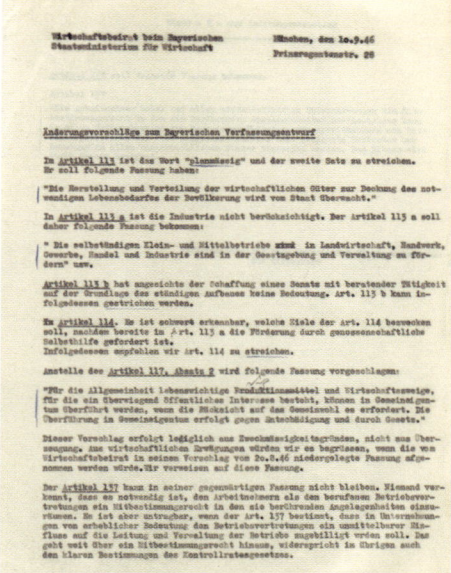

Vom Staat überwacht
Der Wirtschaftsbeirat beim Bayerischen Staatsministerium für Wirtschaft fordert die Streichung des Begriffs „planmässig" aus dem Verfassungsentwurf. Die von ihm vorgeschlagene Formulierung „Die Herstellung und Verteilung der wirtschaftlichen Güter zur Deckung des notwendigen Lebensbedarfes der Bevölkerung wird vom Staat überwacht", geht fast unverändert in die Bayerische Verfassung ein. (10. 9. 1946, Institut für Zeitgeschichte München-Berlin, Archiv, ED 120/130)

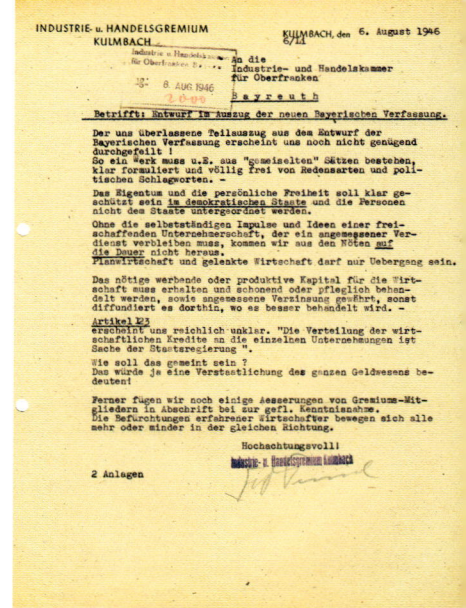

Kapital muss pfleglich behandelt werden
Das Industrie- und Handelsgremium Kulmbach weist die IHK Bayreuth in ihrer Stellungnahme zum Entwurf einer Bayerischen Verfassung darauf hin, dass Wirtschaftskapital „erhalten und schonend oder pfleglich behandelt werden" muss, da es sonst abwandere. (6. 8. 1946, Bayerisches Wirtschaftsarchiv, München, K8/231)

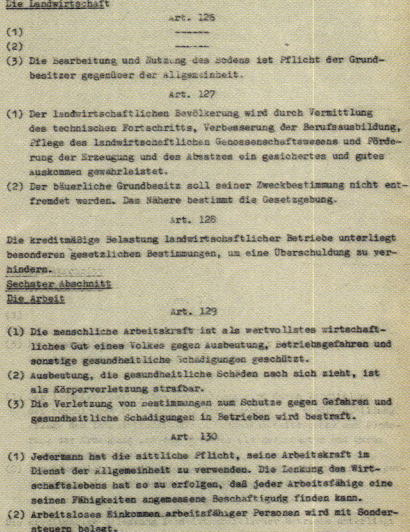

„Dichtung und Wahrheit"
Der Karikaturist prangert an, dass die Planwirtschaft die schwerwiegenden Probleme der Nachkriegszeit nur überdecke anstatt sie zu lösen. (Karikatur, Der Simpl, 2. Jg., H. 22, November 1947, S. 273, Ludwig-Maximilians-Universität München, Bibliotheken am Englischen Garten, Zeitungsarchiv)

Das wertvollste Gut
Der Vorläufige Ausschuss der Bayerischen Gewerkschaften setzt sich gegenüber der Verfassunggebenden Landesversammlung dafür ein, dass die menschliche Arbeitskraft „als wertvollstes Gut" von der Verfassung geschützt werden soll. (30. 8. 1946, Institut für Zeitgeschichte München-Berlin, Archiv, ED 120/130)

Gründungsurkunde des Bayerischen Bauernverbands
Als Interessenvertretung der Landwirte wurde am 29. November 1945 der Bayerische Bauernverband gegründet. Laut Bayerischer Verfassung dient der landwirtschaftlich genutzte Boden „der Gesamtheit des Volkes". (Bayerischer Bauernverband, München)

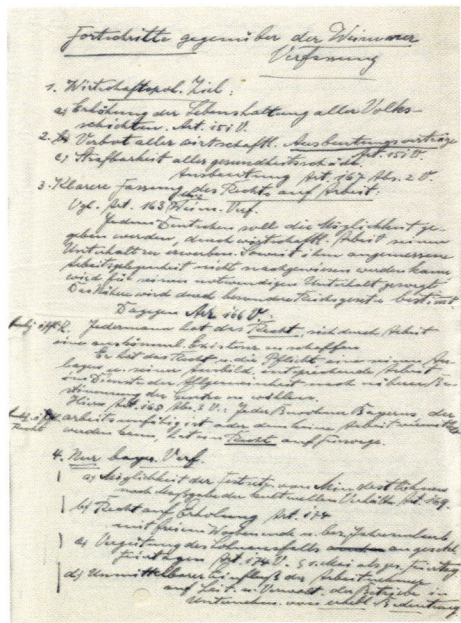

Fortschritte gegenüber Weimar
Wilhelm Hoegner betont in seiner Vorlesung über die Bayerische Verfassung die „Fortschritte gegenüber der Weimarer Verfassung": Wirtschaftspolitisches Ziel sei nun die Erhöhung der Lebenshaltung aller Volksschichten sowie das Verbot wirtschaftlicher Ausbeutung. (o. Dat., Institut für Zeitgeschichte München-Berlin, Archiv, ED 120/326)

Identifikation mit dem Staat

Um bayerisches Nationalbewusstsein zu fördern, fanden schon im Königreich Bayern jährliche Feiern in Erinnerung an die Verfassung von 1818 statt. Während der Weimarer Republik wurde der Verabschiedung der Reichsverfassung von 1919 mit jährlichen Festveranstaltungen gedacht. Dadurch sollte die Identifikation der Bürgerschaft mit dem neuen demokratischen Staat gefördert werden. Die „Bamberger Verfassung" von 1919 war in Bayern nie Gegenstand öffentlicher Festakte. Anlässlich des 15-jährigen Jubiläums der Bayerischen Verfassung zeichnete Landtagspräsident Rudolf Hanauer 1961 erstmals Persönlichkeiten für ihre Verdienste um die Verfassung des Freistaates Bayern aus. Zu diesem Zweck stiftete er eine Verfassungsmedaille. Seither wurde sie bei den jährlichen Verfassungsfeiern 262 Mal in Gold und 712 Mal in Silber verliehen. Damit soll in der Bevölkerung das Bewusstsein für die demokratische Grundordnung des Staates gestärkt werden.

Erinnerungsblatt zum 25-jährigen Verfassungsjubiläum
Bereits im Königreich Bayern fanden jährliche Verfassungsfeiern am 26. Mai statt. (Farbige Lithografie, 1843, Bayerischer Landtag, München)

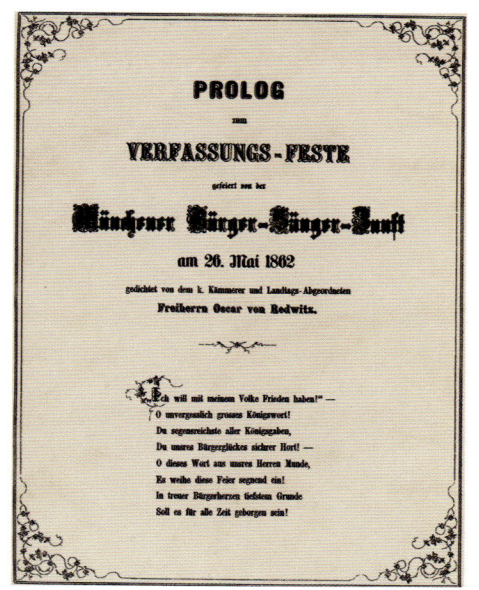

Verfassungsfest der Münchener Bürger-Sänger-Zunft
1862 fand auf Initiative der Münchner Bürger und unter erstmaliger Beteiligung der jüdischen Gemeinde eine Verfassungsfeier statt. Anlässlich dieser Feier kamen je eine katholische, evangelische und jüdische Hymne zur Aufführung. (Archiv der Bürger-Sänger-Zunft, München)

„Zum zehnten Verfassungstag"
Mit Veröffentlichungen zur Weimarer Reichsverfassung versuchte die Reichszentrale für Heimatdienst den Verfassungspatriotismus zu stärken. (Druckschrift, Reichszentrale für Heimatdienst, Berlin 1929, Reproduktion, Haus der Bayerischen Geschichte)

Verfassungsfeier vor dem Nationaltheater in Weimar
Seit 1921 wurde am 11. August, dem Tag des Inkrafttretens der Weimarer Reichsverfassung, an das erste deutsche demokratische Staatsgrundgesetz erinnert. Trotzdem blieben große Teile der Bevölkerung weiterhin auf Distanz zum neuen Staat. (Foto, 11.8.1924, Reproduktion, Haus der Bayerischen Geschichte)

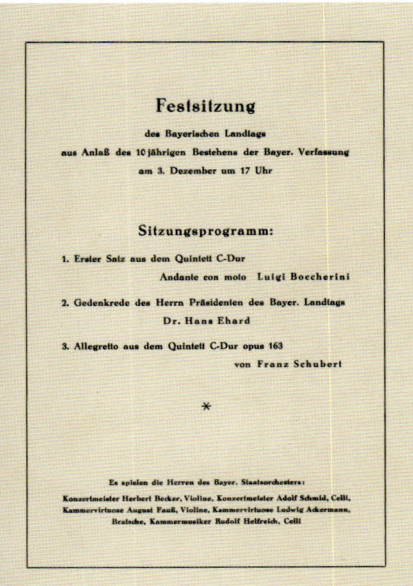

Festakt „Zehn Jahre Bayerische Verfassung"
Aus Anlass des zehnjährigen Verfassungsjubiläums fand am 3. Dezember 1956 eine Festsitzung des Bayerischen Landtags statt. (Bayerisches Hauptstaatsarchiv, München, NL Ehard 1646)

Festakt zum 15-jährigen Verfassungsjubiläum
Landtagspräsident Rudolf Hanauer hielt am 13. Dezember 1961 zum 15-jährigen Jubiläum der Bayerischen Verfassung eine Rede im Maximilianeum. (Foto, Bayerischer Landtag, München)

Verfassungsmedaille in Gold
Am 1. Dezember 1961 erhielt Hans Ehard als einer der Verfassungsväter vom Landtagspräsidenten die neu gestiftete goldene Verfassungsmedaille. (Bayerisches Hauptstaatsarchiv, München NL Ehard 487)

Gedenkmedaille „40 Jahre Bayerische Verfassung"
Die Medaille ziert auf der Vorderseite das Porträt Hans Ehards. Er war einer der Verfassungsväter von 1946. Auf der Rückseite ist das große bayerische Staatswappen zu sehen. (1986, Bayerisches Hauptstaatsarchiv, München, NL Ehard 500)

Förderer von Demokratie und Kultur

1954 gründete der Rechtsanwalt Anton Besold die Bayerische Einigung, deren Ziel es ist, das Wissen um die staatspolitischen und kulturellen Grundlagen Bayerns zu vertiefen. Zu diesem Zweck veranstaltet die Bayerische Einigung seit 1967 jedes Jahr an verschiedenen Orten Feiern zum Verfassungstag. Diese Feiern sollen deutlich machen, dass die Bayerische Verfassung die Werteordnung und damit wesentliche Klammer des Zusammenhalts in unserer Gesellschaft darstellt. Personen und Vereinigungen, die sich für den Erhalt der bayerischen Kultur einsetzen, werden von der seit 1974 bestehenden Bayerischen Volksstiftung ausgezeichnet. Finanziell gefördert werden von ihr kreative und gestaltende Persönlichkeiten, die Pflege und Neubelebung des bayerischen Kulturgutes sowie die Erhaltung von Natur und Heimat.

150-Jahr-Feier der Errichtung der Gaibacher Konstitutionssäule (1828 – 1978)

EINLADUNG

150-Jahrfeier in Gaibach
Anlässlich des 150-jährigen Jubiläums der Fertigstellung der Konstitutionssäule veranstaltete die Bayerische Einigung 1978 einen Festakt in Gaibach. (Bayerische Volksstiftung/Bayerische Einigung e.V., München)

Verfassungsfeiern 1974
Die Bayerische Einigung veranstaltet ihre jährlichen Verfassungsfeiern an mehreren Orten in ganz Bayern. (Bayerische Volksstiftung/Bayerische Einigung e.V., München)

„Verfassungspullover"
Die Bayerische Einigung hält die Bayerische Verfassung auch mit unkonventionellen Mitteln im Bewusstsein der Bevölkerung. Dazu gehört unter anderem die Herstellung eines „Verfassungspullovers". Das Logo auf dem Pullover zeigt neben dem Bayerischen Löwen den Schriftzug „Bayerische Verfassung/Bayerische Volksstiftung". (Foto, Bayerische Volksstiftung/Bayerische Einigung e.V., München)

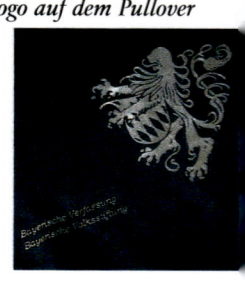

Orte der Verfassungsfeiern der Bayerischen Einigung
In ganz Bayern fanden bis heute an 37 Orten Verfassungsfeiern der Bayerischen Einigung statt. (Karte, Haus der Bayerischen Geschichte)

Verfassungstag 1973
Am 1. Dezember 1973 hielt die Bayerische Einigung den Verfassungstag im Münchner Cuvilliés-Theater ab. Am Rednerpult ist der Gründer der Bayerischen Einigung, Anton Besold, zu sehen. (Foto, Bayerische Volksstiftung/Bayerische Einigung e.V., München)

Ehrengäste bei der Verfassungsfeier 1973
Zu den Ehrengästen gehörten die beiden Verfassungsväter Hans Ehard und Alois Hundhammer sowie der damalige Ministerpräsident Alfons Goppel. (Foto, Bayerische Volksstiftung/Bayerische Einigung e.V., München)

Festansprache beim Verfassungstag 1973
In seiner Festrede zum bayerischen Verfassungstag 1973 beschäftigte sich der Bayerische Ministerpräsident und Schirmherr der Bayerischen Volksstiftung Alfons Goppel mit der Frage: „Wie belastbar ist unsere freiheitlich-demokratische Ordnung?" (Foto, Bayerische Volksstiftung/Bayerische Einigung e.V., München)

Erste Preisverleihung der Bayerischen Volksstiftung
Am 1. Dezember 1977 wurde der Geigenvirtuose Professor Kurt Guntner aus München gemeinsam mit dem Schriftsteller und Heimatdichter Arthur Maximilian Miller aus Oberstdorf mit dem Preis der Bayerischen Volksstiftung ausgezeichnet. (Foto, Bayerische Volksstiftung/ Bayerische Einigung e.V., München)

Verfassungstag 2003
Am 1. Dezember 2003 wurde die Präsidentin der Israelitischen Kultusgemeinde München, Charlotte Knobloch, von Landtagspräsident Alois Glück (links) und dem Vorsitzenden der Bayerischen Volksstiftung Florian Besold (rechts) mit dem Preis der Bayerischen Volksstiftung ausgezeichnet. (Foto, Bayerischer Landtag, München)

Konstitutionssaal in Gaibach
Der 1821 von Graf Erwein von Schönborn in seinem Schloss eingerichtete Konstitutionssaal erinnert an die bayerische Verfassung von 1818. 1978 wurde der Saal mit erheblichen Mitteln der Bayerischen Volksstiftung restauriert. (Foto, Bayerische Volksstiftung/Bayerische Einigung e.V., München)

Verfassungstag 1999 (Titelblatt und Programm)
Der Verfassungstag 1999 stand im Zeichen der Jugend. Schüler und Studenten aus allen Landesteilen Bayerns gestalteten die Feierlichkeiten mit. (Bayerische Volksstiftung/Bayerische Einigung e.V., München)

Kein Bayer ohne Verfassung!

Noch vor dem Volksentscheid über ihre Annahme wurde die Verfassung bereits 1946 im Auftrag der US-Militärregierung veröffentlicht. Zahlreiche Zeitungen druckten ihren Text komplett ab. Artikel 188 bestimmt, dass jeder Schüler ein Exemplar der Bayerischen Verfassung erhält. So bekamen die Schulen seit 1948 bis heute ca. 5 Millionen Exemplare durch die Bayerische Landeszentrale für politische Bildungsarbeit – ab 1956 in einer gemeinsamen Ausgabe mit dem Grundgesetz. Seit 1960 händigte das Innenministerium bei fast 600 000 Einbürgerungen die Bayerische Verfassung aus. Schließlich veranstalteten ab 1953 zahlreiche Gemeinden einen „Jungbürgertag", bei dem volljährig gewordene Gemeindemitglieder neben dem „Jungbürgerbrief" vielfach auch ein Exemplar der Bayerischen Verfassung erhielten.

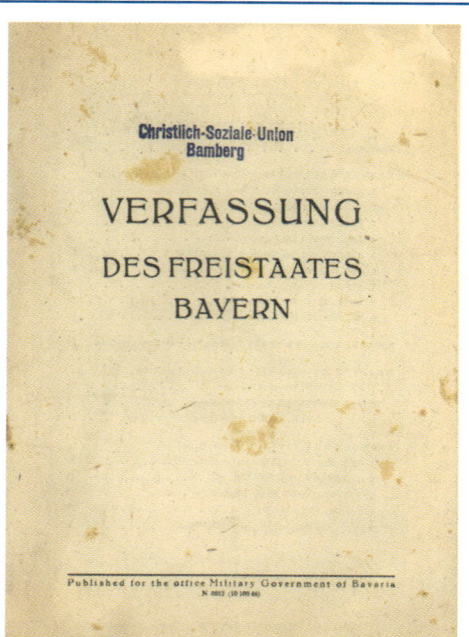

Verfassung des Freistaates Bayern
Am Anfang lag die Verbreitung der Verfassung in den Händen der US-Militärregierung. (Military Government of Bavaria, 1946, Haus der Bayerischen Geschichte)

Verfassung des Freistaates Bayern – Grundgesetz für die Bundesrepublik Deutschland
Seit 1983 werden neben den Verfassungstexten auch das Lied der Bayern und die Deutsche Nationalhymne mit Text und Noten abgedruckt (Bayerische Landeszentrale für politische Bildungsarbeit, München, 2005)

Umschlagsskizze
Die Bayerische Landeszentrale für politische Bildungsarbeit bot im Lauf der Zeit verschiedene Ausgaben der Bayerischen Verfassung an. Dementsprechend änderte sich auch das Äußere der Druckausgabe. (Bayerische Landeszentrale für politische Bildungsarbeit, München)

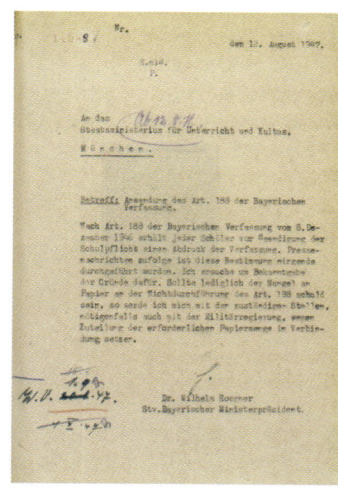

Schüler ohne Verfassung
Der stellvertretende Ministerpräsident Wilhelm Hoegner beklagt sich beim bayerischen Kultusministerium, dass laut Presseberichten bisher an keiner Schule die Bayerische Verfassung ausgehändigt wurde.
(12.8.1947, Bayerisches Hauptstaatsarchiv, München, StK 10908)

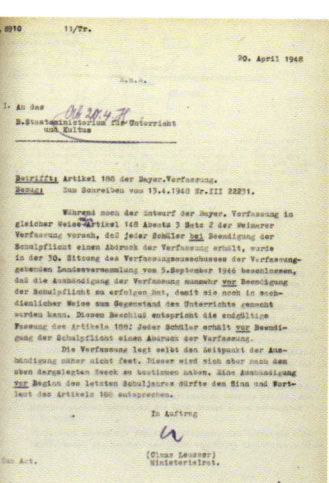

Aushändigungstermin für Verfassung
Die Bayerische Staatskanzlei empfiehlt, die Bayerische Verfassung zu Beginn des letzten Schuljahres auszuhändigen, damit sie noch Bestandteil des Unterrichts werden kann. (20.4.1948, Bayerisches Hauptstaatsarchiv, München, StK 10908)

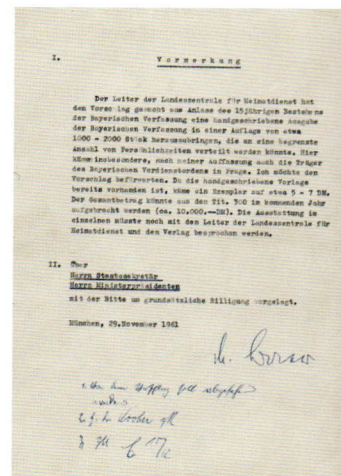

Handgeschriebene Exemplare der Bayerischen Verfassung
Der Vorschlag des Leiters der Landeszentrale für Heimatdienst, anlässlich des 15-jährigen Verfassungsjubiläums handgeschriebene Exemplare der Bayerischen Verfassung anfertigen zu lassen, wurde nicht umgesetzt. (29.11.1961, Bayerische Landeszentrale für politische Bildungsarbeit, München)

FREISTAAT BAYERN

Jungbürgerbrief Mit Vollendung Ihres 21. Lebens-
jahres erhalten Sie nach unserer Verfassung die vollen
Rechte und übernehmen zugleich die vollen Pflichten
eines Staatsbürgers. Das Wohl eines demokratischen
Staates hängt von der verantwortungsbewußten und
freiwilligen Mitarbeit aller seiner Bürger an den öffentlichen Aufgaben ab. Mögen Sie in diesem Sinne von
Ihren Rechten Gebrauch machen und Ihre Pflichten
zum Wohle unseres Landes und unseres Volkes erfüllen!

Jungbürgerbrief
Bis Anfang der 1970er-Jahre erhielten Jugend-
liche beim Erreichen der Volljährigkeit in zahl-
reichen Gemeinden den so genannten Jung-
bürgerbrief. (1957, Stadtarchiv Neuburg a. d.
Donau)

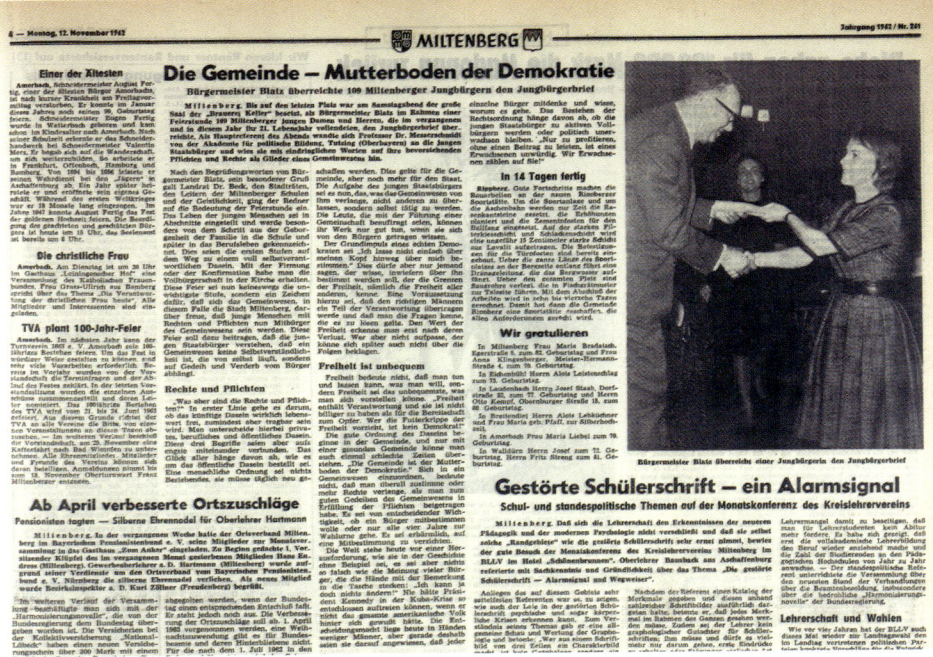

„Jungbürgertag" in Miltenberg
Der Bürgermeister vergleicht den Jungbür-
gertag mit Firmung oder Konfirmation.
Während bei den religiösen Feiern die
Jugendlichen Vollmitglieder der Kirchen-
gemeinde würden, erhielten sie durch die
Volljährigkeit alle bürgerlichen Rechte.
(Bayerische Staatsbibliothek, München)

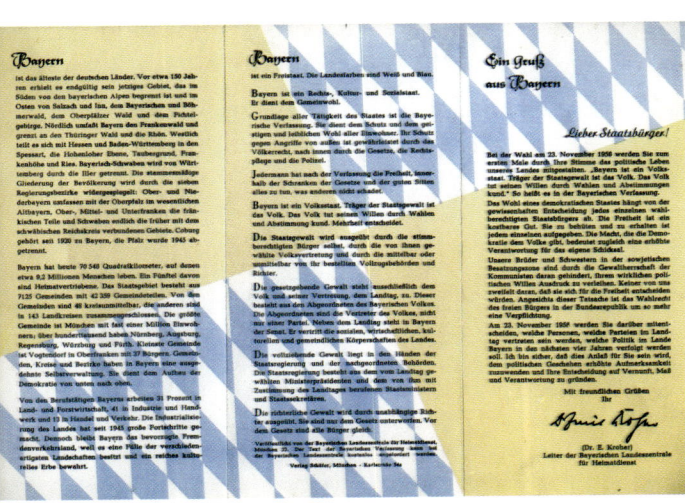

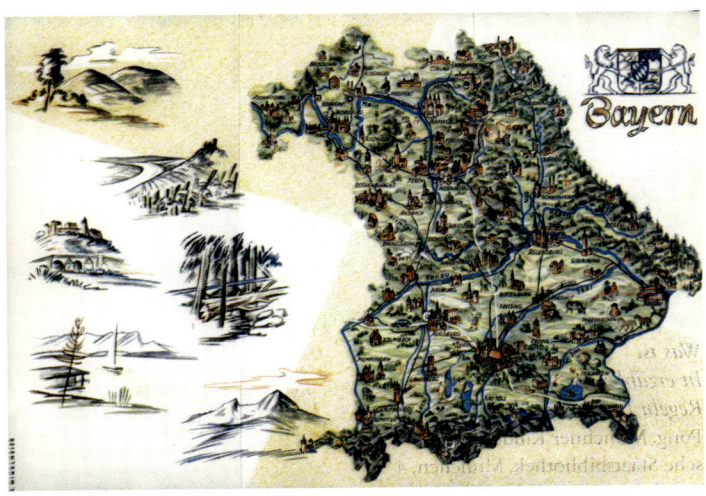

„Ein Gruß aus Bayern"
Die „Jungbürger" wurden unter anderem über die Geschichte
Bayerns, den Staatsaufbau und ihr Wahlrecht informiert.
(Faltblatt, Stadtarchiv Neuburg a. d. Donau)

Erziehung zur Demokratie

Die amerikanische Militärregierung sah in den Kindern und Jugendlichen die Demokraten von morgen. Daher erschienen in ihrem Auftrag zahlreiche Publikationen, die die Vorzüge eines demokratischen Verfassungsstaats altersgemäß vermitteln. Bereits in den Fünfzigerjahren fand die Bayerische Verfassung Eingang in die Lehrpläne an Höheren Schulen. Den Fächern Sozialkunde und Geschichte kam und kommt dabei die Schlüsselrolle zu. Am Anfang wurde der Sozialkundeunterricht ohne Benotung durchgeführt. 1979 forderte der Bayerische Senat die Aufnahme der Bayerischen Verfassung in die Lehrpläne der Gymnasien und Realschulen. Heute ist die Verfassung Unterrichtsgegenstand an allen Schultypen im Freistaat.

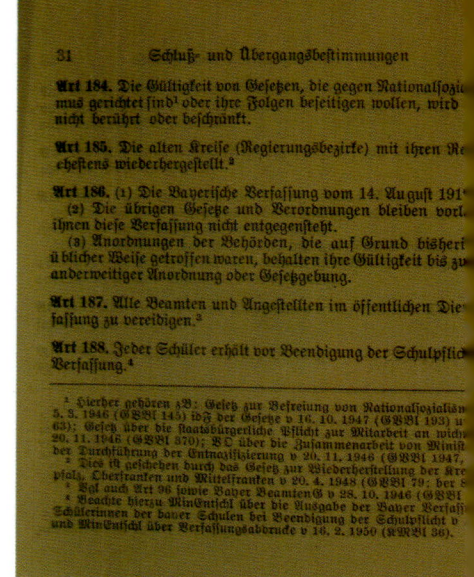

Miniaturausgabe der Bayerischen Verfassung Im Jahr 1996 gab die Bayerische Landeszentrale für politische Bildungsarbeit die Bayerische Verfassung im Format von 7 x 5,4 cm heraus. (Bayerische Landeszentrale für politische Bildungsarbeit, München)

Kein Schüler ohne Bayerische Verfassung! Der letzte Artikel der Bayerischen Verfassung setzt fest, dass jeder bayerische Schüler in seiner Schulzeit ein Exemplar der Verfassung des Freistaats Bayern erhält. (Verfassung des Freistaates Bayern, C.H. Beck Verlag, München 1952, S. 31)

Was ist eine Verfassung?
In erzählerischer Form wird den Kindern die Notwendigkeit von Regeln für ein geordnetes Gemeinschaftsleben vermittelt. (Ping-Pong. Münchner Kinderzeitschrift H. 4, 2. Jg., April 1947, Bayerische Staatsbibliothek, München, 4° Z 51.53)

Die Verfassung der Großen – einmal verständlich
In dieser Ausgabe der Zeitschrift wird ein Einblick in die vier Hauptteile der Bayerischen Verfassung gegeben. (Ping-Pong. Münchner Kinderzeitschrift H. 4, 2. Jg., Mai 1947, Bayerische Staatsbibliothek, München, 4° Z 51.53)

Kannst Du über den Landtag mitreden?
Anhand der Verhältnisse im ersten Nachkriegslandtag werden die Zusammensetzung des Landtags und die Abläufe im Parlamentsbetrieb erklärt. (Ping-Pong. Münchner Kinderzeitschrift H. 4, 2. Jg., Juni 1948, Bayerische Staatsbibliothek, München, 4° Z 51.53)

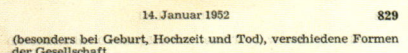

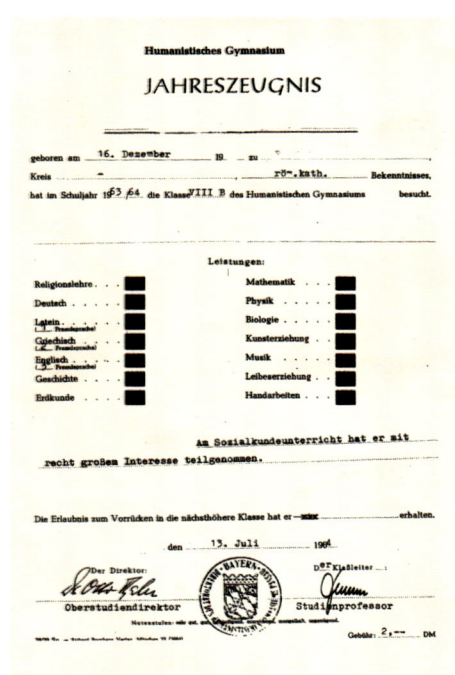

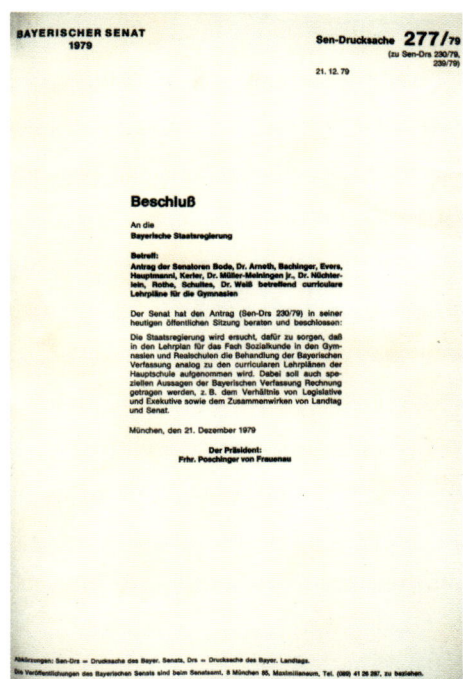

Erster Sozialkunde-Lehrplan für Höhere Schulen
Der Lehrplan von 1952 sah die Behandlung sowohl des Grundgesetzes als auch der Bayerischen Verfassung vor. (Bereinigte Sammlung der Verwaltungsvorschriften des Bayerischen Staatsministeriums für Unterricht und Kultus (1865–1957), Bd. 1, München 1958)

Abiturzeugnis von 1964
1964 erfolgte der Unterricht in Sozialkunde am Gymnasium noch ohne Benotung. (Privatbesitz)

Bayerische Verfassung in den Unterricht!
Der Bayerische Senat ersuchte die Bayerische Staatsregierung, in den Lehrplänen der Realschulen und der Gymnasien die Behandlung der Bayerischen Verfassung zu verankern. (21.12. 1979, Bayerisches Hauptstaatsarchiv, München, Verhandlungen des Bayerischen Senats Nr. 32)

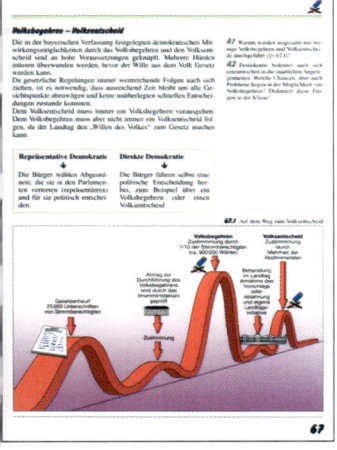

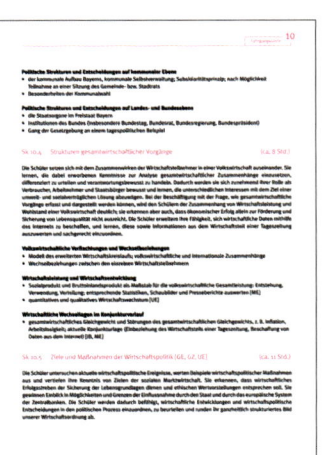

„Volksbegehren-Volksentscheid"
Hauptschülern wird in dieser Grafik eine Besonderheit der Bayerischen Verfassung erläutert: die Elemente der direkten Demokratie. (Begegnungen 9, Oldenbourg Verlag, München, 1999)

Aktueller Sozialkunde-Lehrplan
Für die sechsstufige Realschule schlägt der aktuelle Lehrplan acht Schulstunden für die Vermittlung der politischen Strukturen im Bund und in Bayern vor. (Bayerisches Staatsministerium für Unterricht und Kultus, München, 2000)

Wiederaufbau und Verfassung
In diesem Realschulbuch werden der staatliche Neubeginn und der Weg zur Bayerischen Verfassung skizziert. (Geschichte kennen und verstehen 10, Oldenbourg-Verlag, München, 2004)

Auslegung der Verfassung

Schon früh fand die Bayerische Verfassung Eingang in die Lehrinhalte an bayerischen Hochschulen, insbesondere an der LMU in München, an der die Verfassungsväter Wilhelm Hoegner und Hans Nawiasky Lehrveranstaltungen durchführten. Hoegner begann diese bereits 1946 mit einer Vorlesung über den von ihm erarbeiteten Vorentwurf einer „Verfassung des Volksstaates Bayern". Bis 1970 bot er regelmäßig Lehrveranstaltungen zum bayerischen Verfassungsrecht an. Nawiasky gab 1948 den ersten maßgeblichen Verfassungskommentar heraus, der bis heute regelmäßig neu aufgelegt wird. Zu den bekannten Rechtsprofessoren in München, die später über die Bayerische Verfassung lasen, gehörte Hans-Ullrich Gallwas. Bis heute ist die Bayerische Verfassung Teil zahlreicher Lehrveranstaltungen, die sich mit bayerischer Rechts- und Verfassungsgeschichte beschäftigen.

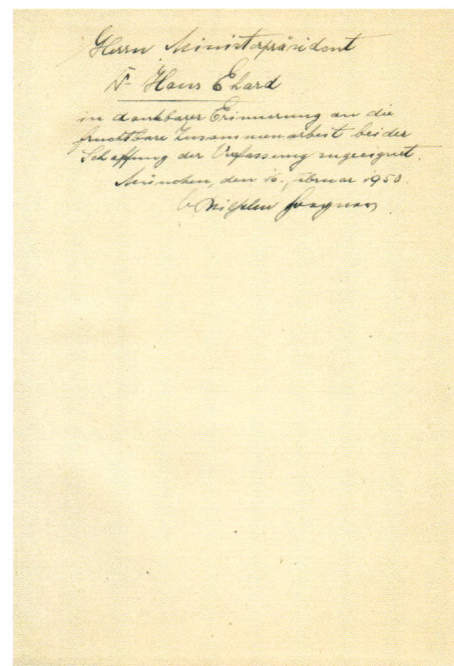

Lehrbuch des bayerischen Verfassungsrechts
Der ehemalige bayerische Ministerpräsident Wilhelm Hoegner widmete ein Exemplar seines Werkes dem damaligen Amtsträger Hans Ehard, einem der Väter der Bayerischen Verfassung. (16. 12. 1950, Bayerisches Hauptstaatsarchiv, München, NL Ehard 1020)

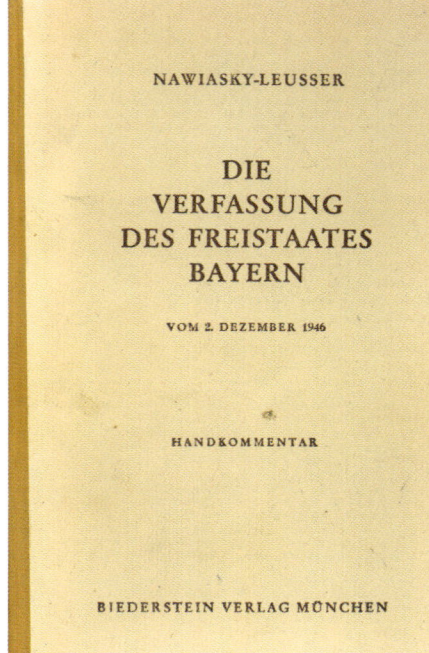

Handkommentar zur Bayerischen Verfassung
Bereits 1948 gaben der Staatsrechtler Hans Nawiasky und der Ministerialbeamte Claus Leusser einen Kommentar zur Verfassung heraus. (Haus der Bayerischen Geschichte)

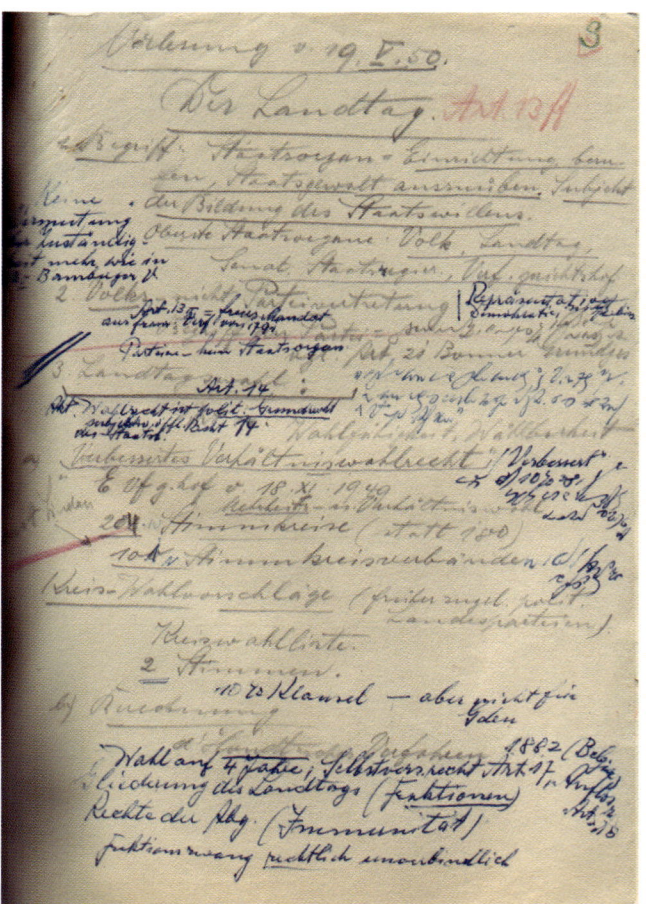

Verfassungsnotizen
Wilhelm Hoegner las von 1946 bis 1970 über Bayerisches Verfassungsrecht an der Universität München. Für seine Vorlesungen machte er sich handschriftliche Notizen. (19. 5. 1950, Institut für Zeitgeschichte München-Berlin, Archiv, ED 120/326)

Vorlesungsskript
In seiner Einführungsvorlesung im Sommersemester 1959 definiert Wilhelm Hoegner den Begriff „Verfassung" und beschreibt das Verhältnis von Staat und Verfassung. (Institut für Zeitgeschichte München-Berlin, Archiv, ED 120/326)

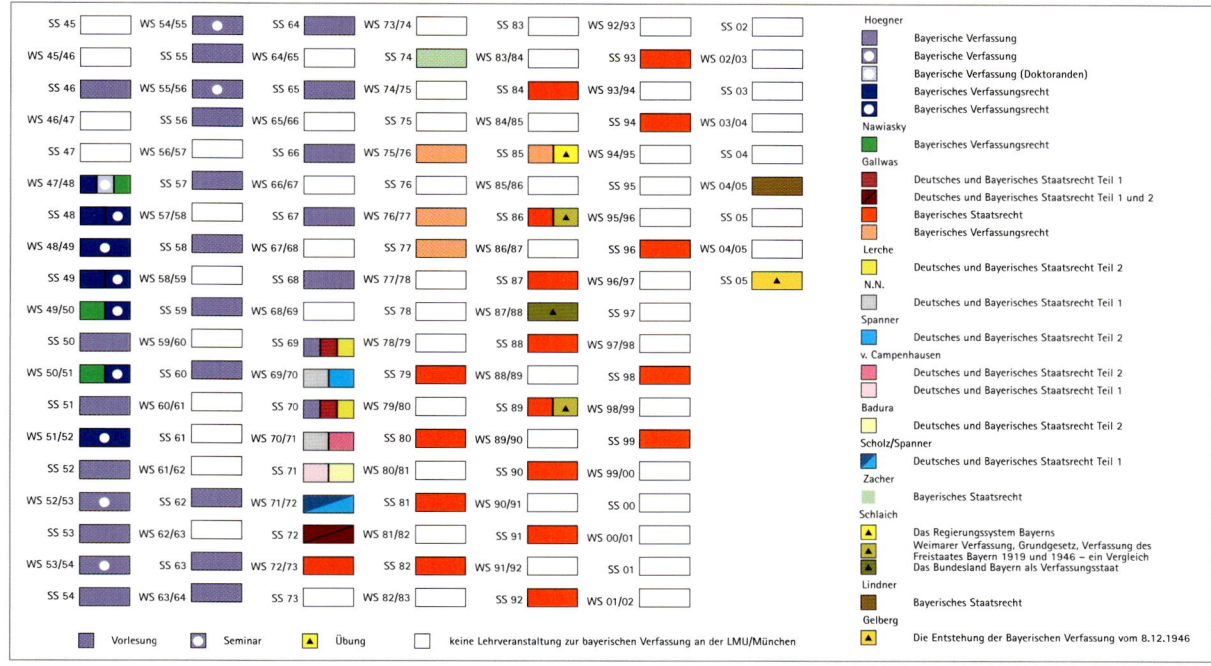

Lehrveranstaltungen zur Bayerischen Verfassung
80 Vorlesungen, Seminare und Übungen zur Bayerischen Verfassung wurden seit 1946 an der Ludwig-Maximilians-Universität München abgehalten.
(Grafik, Haus der Bayerischen Geschichte)

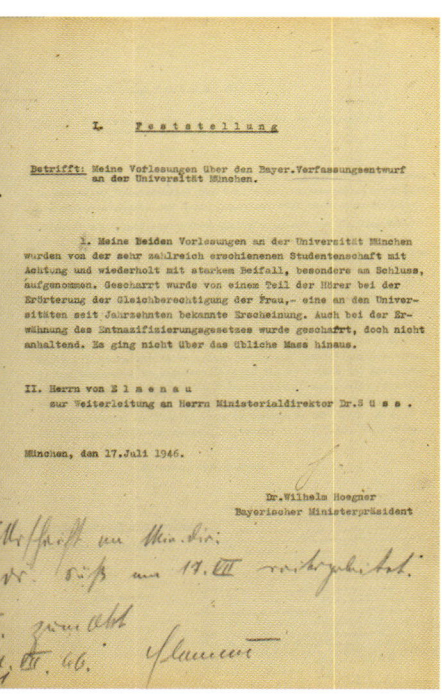

Scharren und Pfeifen
Während einer Vorlesung Wilhelm Hoegners zum Verfassungsentwurf reagierten einige Studenten mit Pfeifen und Scharren auf dessen Ausführungen zur geplanten Gleichberechtigung von Frauen und Männern sowie zum Entnazifizierungsgesetz. (17.7.1946, Bayerisches Hauptstaatsarchiv, München, StK 10905)

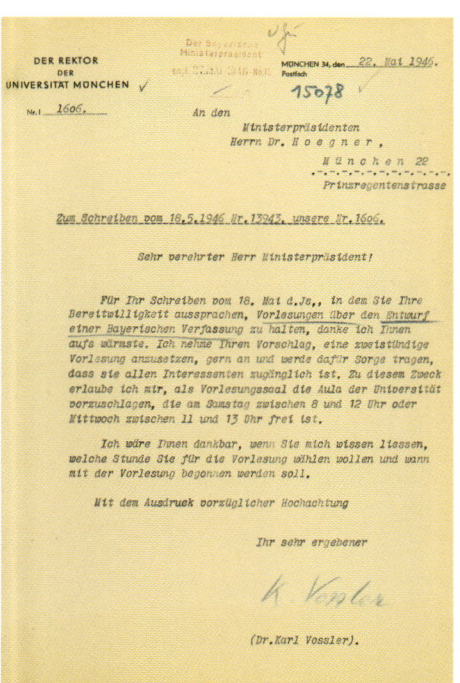

Dank für Verfassungsvorlesung
Trotz seiner hohen Arbeitsbelastung hielt Ministerpräsident Wilhelm Hoegner bereits 1946 in München eine zweistündige Vorlesung über den Entwurf einer Bayerischen Verfassung.
(22.5.1946, Bayerisches Hauptstaatsarchiv, München, StK 10903)

Verfassungskommentar
Der 1948 erstmals erschienene Verfassungskommentar von Hans Nawiasky und Claus Leusser wird auch heute noch als Loseblattsammlung aufgelegt. (C.H. Beck Verlag, München 2006)

Hüter der Verfassung

Der Bayerische Verfassungsgerichtshof besteht aus dem Präsidenten, 22 Berufsrichtern und 15 weiteren Juristen. Sie alle werden vom Landtag gewählt. Der Verfassungsgerichtshof nahm 1947 seine Tätigkeit zum Schutz der Verfassung auf. Aufgrund der Erfahrungen mit dem NS-Regime erhielt er umfangreiche Kompetenzen. Zu seinen Aufgaben gehört es, die vom Parlament verabschiedeten Gesetze und die von der Staatsregierung erlassenen Verordnungen auf ihre Verfassungsmäßigkeit zu überprüfen und gegebenenfalls aufzuheben. Ferner können Minister, Staatssekretäre und Landtagsabgeordnete vor dem Verfassungsgerichtshof angeklagt werden. Dank der Einführung der Popularklage besteht eine Klagemöglichkeit gegen verfassungswidrige Normen. Bayern ist das einzige der 16 Bundesländer, in dem Popularklagen zulässig sind.

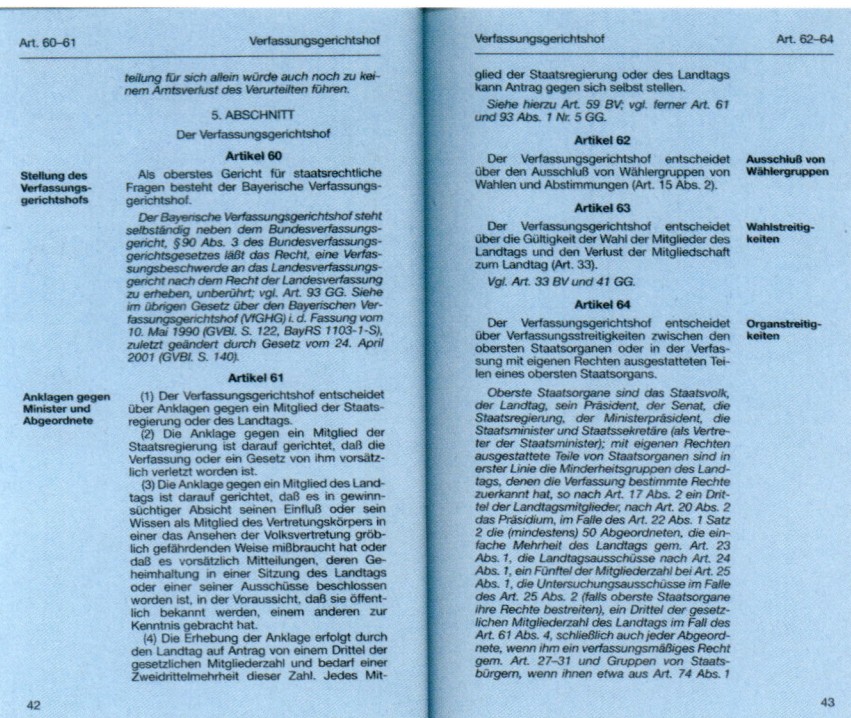

Der Verfassungsgerichtshof
In den Artikeln 60–64 der Bayerischen Verfassung werden die Stellung und die Zuständigkeiten des Bayerischen Verfassungsgerichtshofs geregelt.
(Verfassung des Freistaates Bayern)

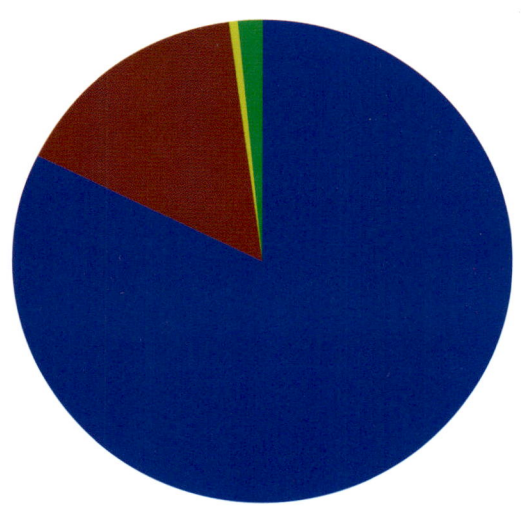

7959

Gesamtzahl der Verfahren
(Stand: 31.12.2005)

Verfassungsbeschwerden (6542)

Popularklagen (1241)

Organstreitigkeiten (48)

Restliche Verfahren (128)

Verfahren am Bayerischen Verfassungsgerichtshof
Von 1947 bis Ende 2005 liefen insgesamt fast 8000 Verfahren am Bayerischen Verfassungsgerichtshof. (Grafik, Haus der Bayerischen Geschichte)

Der Bayerische Verfassungsgerichtshof
Der Bayerische Verfassungsgerichtshof hat seinen Sitz im Gebäude des Oberlandesgerichts München in der Prielmayerstraße. (Foto, Oberlandesgericht München)

**Die Richter am Bayerischen Verfassungs-
gerichtshof**
*(v.l.n.r.) Dr. Manfred Worm, Annemarie Gössel,
Stephan Kersten, Dagmar Ruderisch, Präsident
Dr. Karl Huber, Michael Happ, Dr. Franz Sieß,
Prof. Dr. Herbert Buchner, Prof. Dr. Wilfried Berg.*
(Foto, 18. 9. 2006, Rolf Poss, Bayerischer Landtag,
München)

**Öffentliche Sitzung des Bayerischen
Verfassungsgerichtshofs**
*Der Verfassungsgerichtshof berät in der Regel in
der Besetzung mit neun Richtern. Der Präsident
und acht Berufsrichter entscheiden über die Ver-
fassungsmäßigkeit von Gesetzen.*
(Foto, 18. 9. 2006, Rolf Poss, Bayerischer Landtag,
München)

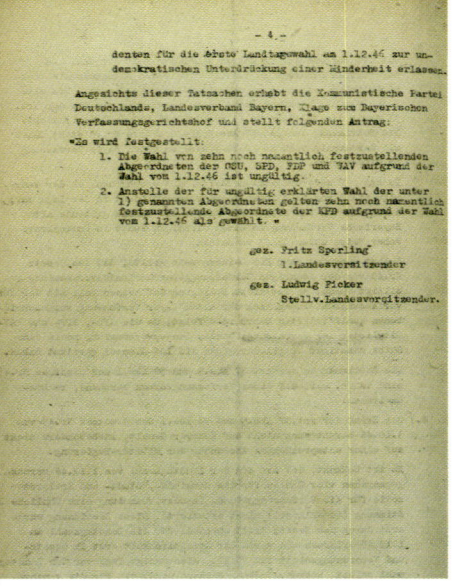

Verfassungsbeschwerde der KPD
*Die KPD klagte 1947 gegen die in der Verfas-
sung verankerte Zehn-Prozent-Klausel. Danach
erhielten nur Parteien, die mindestens in einem
Regierungsbezirk auf zehn Prozent der Stimmen
kamen, Sitze im Landtag. Obwohl die KPD bei
der ersten Landtagswahl 1946 einen Stimmanteil von 6,1 Prozent erzielte und damit die FDP
an Stimmen überflügelte, konnte sie nicht in
den Landtag einziehen. In ihrer Klage forderte
sie den Austausch von zehn Mitgliedern des
Landtags durch eigene Abgeordnete.* (26. 10. 1947,
Bayerisches Hauptstaatsarchiv, München, StK
10959)

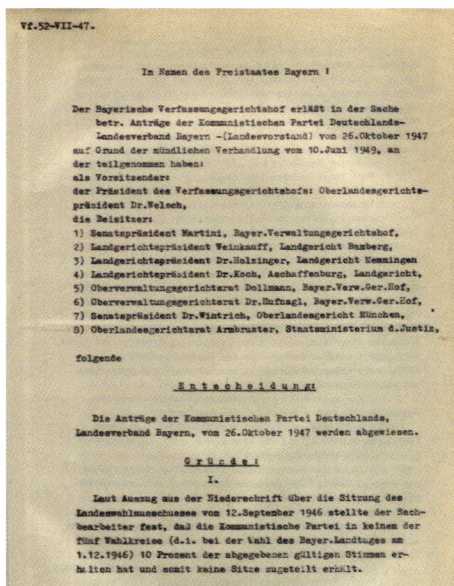

Abweisung der Verfassungsbeschwerde der KPD
*Der Bayerische Verfassungsgerichtshof wies am
10. April 1949 die Klage der KPD gegen die
Zehn-Prozent-Hürde zurück. Durch Volksentscheid wurde die Sperrklausel am 19. Juli 1973
auf fünf Prozent im landesweiten Durchschnitt
herabgesetzt.* (Institut für Zeitgeschichte
München-Berlin, Archiv, ED 120/324)

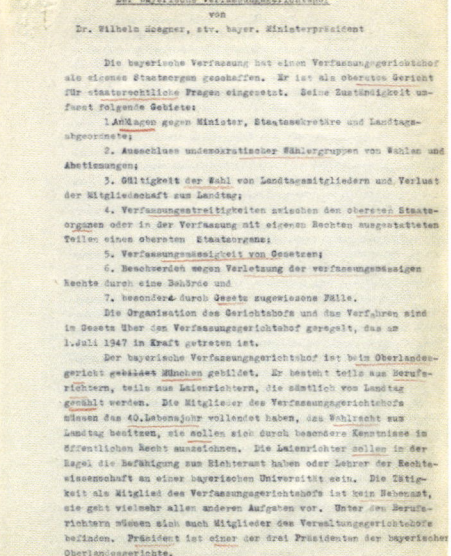

„Der bayerische Verfassungsgerichtshof"
*Im Rahmen seiner Lehrveranstaltungen zur
Bayerischen Verfassung an der Universität München bot Wilhelm Hoegner auch eine Vorlesung
über den Bayerischen Verfassungsgerichtshof an.*
(o. Dat., Institut für Zeitgeschichte München-
Berlin, Archiv, ED 120/324)

Direkte Demokratie

Die Bayerische Verfassung kann nur durch Volksentscheid geändert werden. Seit 1968 geschah dies insgesamt elf Mal. Geht die Initiative zur Verfassungsänderung vom Landtag aus, wird der entsprechende Gesetzentwurf der Bevölkerung zum Volksentscheid vorgelegt. Ergreifen wahlberechtigte Staatsbürger die Möglichkeit, Verfassungsänderungen auf den Weg zu bringen, muss zunächst ein Antrag auf ein Volksbegehren gestellt und mit 25 000 Unterschriften unterstützt werden. Ein entsprechender Gesetzentwurf muss mit sachlicher Begründung vorgelegt werden. Erreicht das Volksbegehren die Unterstützung von zehn Prozent der Stimmberechtigten, wird es zunächst dem Ministerpräsidenten zur Stellungnahme zugeleitet. Im Anschluss entscheidet der Landtag, ob er den Entwurf als Gesetz umsetzt oder ablehnt. Im Falle der Ablehnung wird der Entwurf – gegebenenfalls zusammen mit einem eigenen Landtagsentwurf – der Bevölkerung zum Volksentscheid vorgelegt. Erreicht die Verfassungsänderung im Volksentscheid die Zustimmung von 25 Prozent der Wahlberechtigten, ist sie rechtsverbindlich.

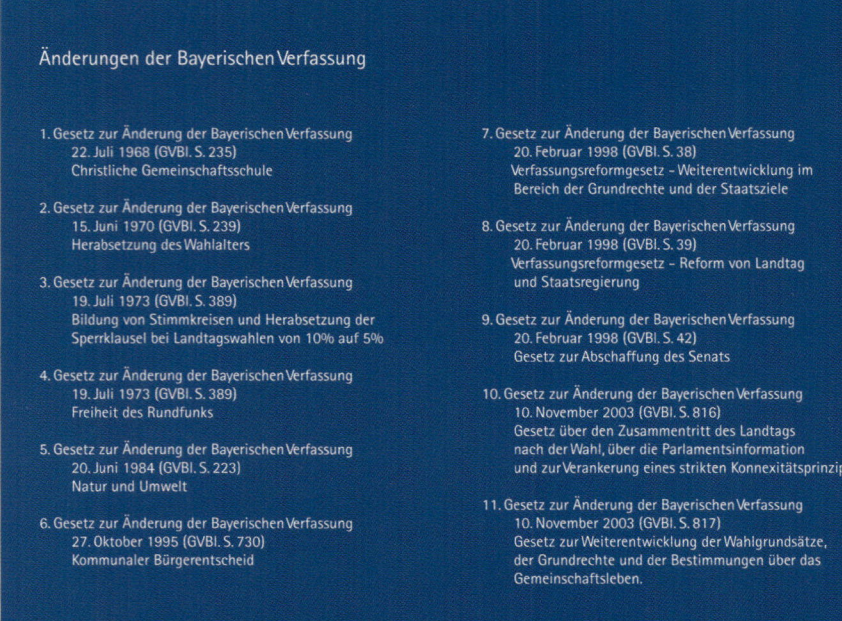

Änderungen der Bayerischen Verfassung

1. Gesetz zur Änderung der Bayerischen Verfassung
22. Juli 1968 (GVBl. S. 235)
Christliche Gemeinschaftsschule

2. Gesetz zur Änderung der Bayerischen Verfassung
15. Juni 1970 (GVBl. S. 239)
Herabsetzung des Wahlalters

3. Gesetz zur Änderung der Bayerischen Verfassung
19. Juli 1973 (GVBl. S. 389)
Bildung von Stimmkreisen und Herabsetzung der Sperrklausel bei Landtagswahlen von 10% auf 5%

4. Gesetz zur Änderung der Bayerischen Verfassung
19. Juli 1973 (GVBl. S. 389)
Freiheit des Rundfunks

5. Gesetz zur Änderung der Bayerischen Verfassung
20. Juni 1984 (GVBl. S. 223)
Natur und Umwelt

6. Gesetz zur Änderung der Bayerischen Verfassung
27. Oktober 1995 (GVBl. S. 730)
Kommunaler Bürgerentscheid

7. Gesetz zur Änderung der Bayerischen Verfassung
20. Februar 1998 (GVBl. S. 38)
Verfassungsreformgesetz – Weiterentwicklung im Bereich der Grundrechte und der Staatsziele

8. Gesetz zur Änderung der Bayerischen Verfassung
20. Februar 1998 (GVBl. S. 39)
Verfassungsreformgesetz – Reform von Landtag und Staatsregierung

9. Gesetz zur Änderung der Bayerischen Verfassung
20. Februar 1998 (GVBl. S. 42)
Gesetz zur Abschaffung des Senats

10. Gesetz zur Änderung der Bayerischen Verfassung
10. November 2003 (GVBl. S. 816)
Gesetz über den Zusammentritt des Landtags nach der Wahl, über die Parlamentsinformation und zur Verankerung eines strikten Konnexitätsprinzips

11. Gesetz zur Änderung der Bayerischen Verfassung
10. November 2003 (GVBl. S. 817)
Gesetz zur Weiterentwicklung der Wahlgrundsätze, der Grundrechte und der Bestimmungen über das Gemeinschaftsleben.

Änderungen der Bayerischen Verfassung
Die Bayerische Verfassung wurde seit 1968 insgesamt elf Mal geändert.
(Grafik, Haus der Bayerischen Geschichte)

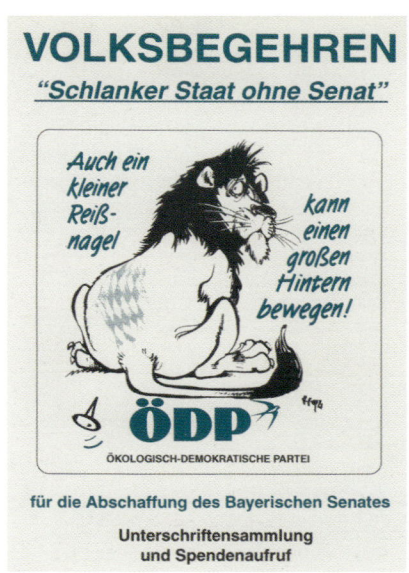

„Schlanker Staat ohne Senat"
Das Volksbegehren der ÖDP „Schlanker Staat ohne Senat" setzte sich 1998 als „Gesetz zur Abschaffung des Bayerischen Senats" gegen den Landtagsentwurf („Senatsreformgesetz") mit 69,2 Prozent beim Volksentscheid durch. (Faltblatt, ÖDP Bayern, Landesgeschäftsführung, Passau)

„Eine Schule für alle"
Erst 1968, 22 Jahre nach ihrem Inkrafttreten, wurde die Bayerische Verfassung erstmals geändert. Ein Volkentscheid billigte die Einführung der christlichen Gemeinschaftsschule als Regelschule in Bayern. (Flugblatt, Archiv für Christlich-Soziale Politik, München, Fl 1967)

Volksbegehren „G 9"
Das Volksbegehren, das sich gegen die Einführung des achtjährigen Gymnasiums wandte, scheiterte an der Zehn-Prozent-Hürde. (Foto, Juni 2005, Bayerischer Landtag, München)

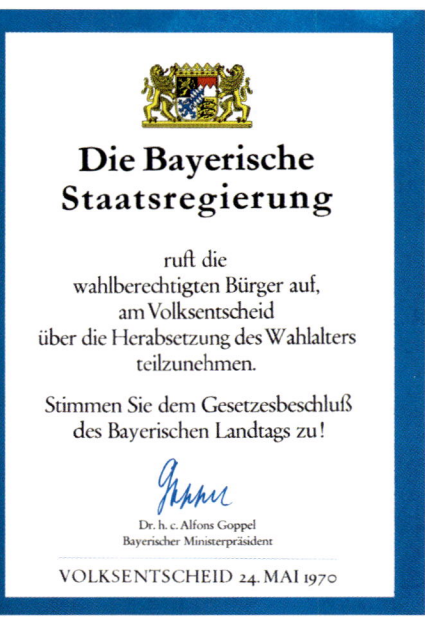

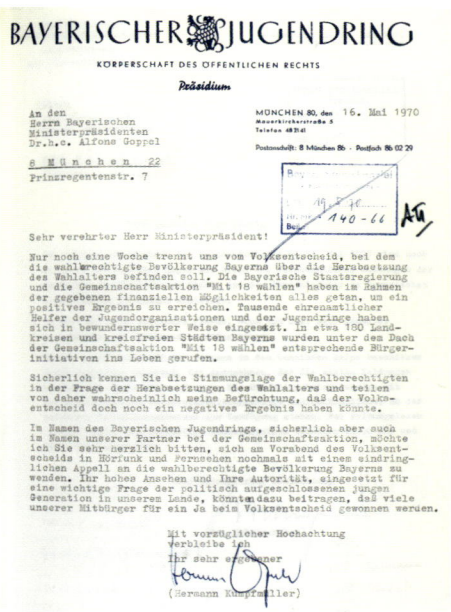

Flugblatt: Volksentscheid zur Senkung des Wahlalters
Der Landtag hatte gegen die Stimmen der NPD am 17. März 1970 beschlossen, die „Altersgrenzen für das aktive (18 statt 21) und das passive (21 statt 25) Wahlrecht" herabzusetzen. Diese Verfassungsänderung wurde im Volksentscheid am 24. Mai 1970 mit 54,8 Prozent Ja-Stimmen angenommen. (Bayerisches Hauptstaatsarchiv, München, StK 10910)

Bitte um Hilfe des Ministerpräsidenten
Der Bayerische Jugendring richtet an Ministerpräsident Goppel einen dringenden Appell, sich über Funk und Fernsehen für die Annahme des Volksentscheids zur Herabsetzung des Wahlalters am 24. Mai 1970 einzusetzen. Andernfalls drohe das Vorhaben am Desinteresse der Bevölkerung zu scheitern. (16. 5. 1970, Bayerisches Hauptstaatsarchiv, München, StK 10910)

Volksbegehren „Mobilfunk"
Das Volksbegehren schlug im Juli 2005 fehl, da nur 4,3 Prozent statt der erforderlichen zehn Prozent der Stimmberechtigten von ihrem Wahlrecht Gebrauch machten. (Foto, Bayerischer Landtag, München)

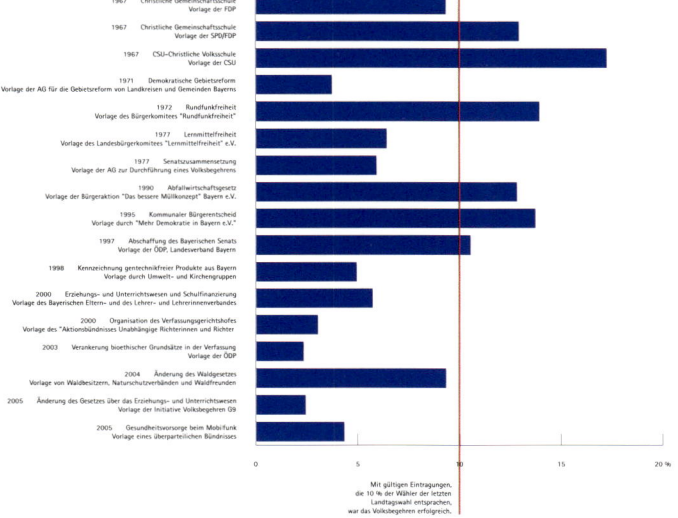

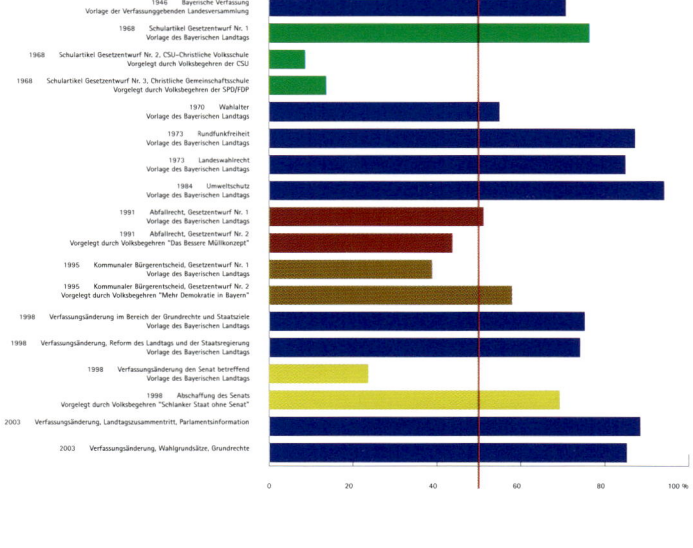

Volksbegehren und Volksentscheide in Bayern
Durch Volksbegehren und Volksentscheide haben die Wahlberechtigten im Freistaat die Möglichkeit, direkt an der Gesetzgebung teilzunehmen. Spricht sich eine Million wahlberechtigter Staatsbürger dafür aus, kann sogar der Landtag per Volksentscheid vorzeitig aufgelöst werden. (Grafiken, Haus der Bayerischen Geschichte)

Parlamentarischer Neubeginn

Bei der Landtagswahl am 1. Dezember 1946 hatte die CSU die absolute Mehrheit errungen. Sie war jedoch in wichtigen Fragen gespalten. Bei der Wahl des Ministerpräsidenten scheiterte deshalb der Parteivorsitzende Josef Müller am Widerstand des Parteiflügels um Alois Hundhammer. So wurde Hans Ehard als Kompromisskandidat gewählt. Trotz der absoluten CSU-Mehrheit bildete Ehard mit SPD und WAV eine Koalitionsregierung, die jedoch innerhalb eines knappen Jahres zerbrach. Dem 2. Kabinett Ehard gehörten nur CSU-Minister an. Der Bayerische Landtag musste das staatliche Leben in vielen Bereichen neu gestalten. So wurden in der ersten Legislaturperiode 163 Gesetze beraten und verabschiedet. Besonders umstritten waren die Schulpolitik sowie die Anerkennung des Grundgesetzes.

Fragestunde im Landtag
Blick auf Präsidium und Regierungsbank während einer Fragestunde des Landtags im Sitzungssaal der Oberfinanzdirektion München. Im Bild (v.l.n.r.): Landtagspräsident Michael Horlacher, Schriftführerin Zita Zehner, Kultusminister Alois Hundhammer und Innenminister Willi Ankermüller (alle CSU). (Foto, Haus der Bayerischen Geschichte, bp-1997)

Ministerpräsidentenwahl 1946
Hans Ehard (links) wurde nach der gescheiterten Kandidatur des CSU-Vorsitzenden Josef Müller am 21. Dezember 1946 zum Ministerpräsidenten gewählt. (Foto, 21.12.1946, Bayerisches Hauptstaatsarchiv, München, NL Ehard 727)

Kabinett Ehard - Hoegner - Loritz
Drei-Parteien-Koalition — Dr. Josef Müller in Opposition

MÜNCHEN, 21. Dez. (DANA) Der Bayerische Landtag hat in seiner Sonnabendnachmittag-Sitzung in zweiter Wahl Dr. Hans Ehard (CSU) zum Ministerpräsidenten gewählt. Von insgesamt 147 abgegebenen Stimmen wurden 121 für, fünfzehn gegen Ehard sowie fünf für Dr. Josef Müller abgegeben. Sechs Stimmen waren ungültig. – Dr. Ehard nahm die Wahl an und wurde vom Landtagspräsidenten vereidigt.

In einer späteren Sitzung am Samstagabend wurde nach längeren Beratungen der Fraktionen auf Vorschlag von Ministerpräsident Dr. Hans Ehard einstimmig die folgende Kabinettsliste angenommen:
Stellvertretender Ministerpräsident und Justizminister: Dr. Wilhelm Hoegner (SPD). Stellvertreter: ein Staatssekretär der CSU.
Leiter der bayerischen Staatskanzlei: Staatssekretär Dr. Anton Pfeiffer (CSU).
Innenminister: Josef Seifried (SPD). Politischer Stellvertreter: ein Staatssekretär der CSU sowie ein zweiter Staatssekretär der CSU für die Abteilung Bauwesen.
Finanzminister: Ein Minister der CSU. Vertreter: Staatssekretär Dr. Hans Müller.
Verkehrsminister: Ein Minister der CSU. Stellvertreter: ein Staatssekretär der CSU.
Wirtschaftsminister: Dr. Zorn (SPD). Stellvertreter: ein Staatssekretär der CSU sowie ein zweiter Staatssekretär für Fragen des Wiederaufbaues.
Landwirtschaftsminister: Dr. Josef Baumgartner (CSU). Vertreter: Staatssekretär Hans Gentner (SPD).
Arbeitsminister: Dr. Hans Roßhaupter (SPD). Stellvertreter: Staatssekretär Dr. Hans Krehle (CSU) und ein weiterer Staatssekretär aus den Kreisen der Ausgewiesenen.
Sonderminister: Alfred Loritz (WAV). Stellvertreter: Staatssekretär Arthur Höltermann (SPD).
Kultusminister: Dr. Alois Hundhammer (CSU). Stellvertreter: Staatssekretär Dr. Johann Pitroff (SPD) und ein weiterer Staatssekretär der CSU für Kunst.

Die Minister und Staatssekretäre wurden nach einstimmiger Billigung des Landtages durch den Präsidenten des Hauses, Dr. Michael Horlacher, vereidigt. Von den CSU-Abgeordneten befanden sich bei der Abstimmung nur noch 35 im Saal. Ministerpräsident Dr. Ehard gab bekannt, daß der Ministerrat in Zukunft sämtliche Beamte der Staatsregierung vom Ministerialrat aufwärts einsetzen wird. Weiter wird sich der Ministerrat die Besetzung aller leitenden Stellen in den unteren und mittleren Behörden vorbehalten.

„Kabinett Ehard – Hoegner – Loritz"
Trotz der absoluten Mehrheit der CSU bildete Hans Ehard eine Koalitionsregierung mit SPD und WAV. (Fränkischer Tag, 1. Jg., Nr. 107, 24.12.1946, S. 3, Ludwig-Maximilians-Universität München, Bibliothek der Institute am Englischen Garten, Zeitungsarchiv)

DER SIMPL
KUNST · KARIKATUR · KRITIK
DER START INS BLAUE

Der Start ins Blaue – ‚Auf geht's mit der Regierungsgaudi!'"
Max Radler stellt in seiner Karikatur den Beginn der Koalitionsregierung als Aufbruch ins Ungewisse dar. Während Ministerpräsident Hans Ehard (2. v. l.) durch Abwerfen von Ballast versucht an Höhe zu gewinnen, trennt WAV-Vorsitzender Alfred Loritz (stehend) den ersten Fesselballon ab. Im Ballon befinden sich außerdem (v. l. n. r.): Wilhelm Hoegner (SPD), Josef Baumgartner, Alois Hundhammer und Anton Pfeiffer (alle CSU). Durch ein Fernrohr beobachtet Innenminister Josef Seifried (SPD) einen in der Ferne schwebenden Kommunisten. (Karikatur, Der Simpl, 2. Jg., H. 3., Feb. 1947, Titelblatt, Ludwig-Maximilians-Universität München, Bibliothek der Institute am Englischen Garten, Zeitungsarchiv)

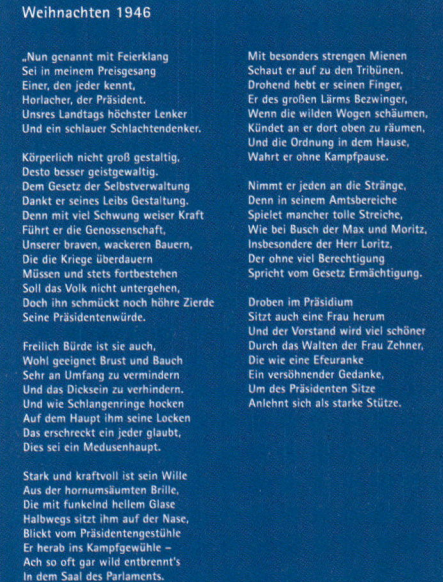

Weihnachten 1946

„Nun genannt mit Feierklang
Sei in meinem Preisgesang
Einer, den jeder kennt,
Horlacher, der Präsident.
Unsres Landtags höchster Lenker
Und ein schlauer Schlachtendenker.

Körperlich nicht groß gestaltig,
Desto besser geistgewaltig.
Dem Gesetz der Selbstverwaltung
Dankt er seines Leibs Gestaltung.
Denn mit viel Schwung weiser Kraft
Führt er die Genossenschaft,
Unserer braven, wackeren Bauern,
Die die Kriege überdauern
Müssen und stets fortbestehen
Soll das Volk nicht untergehen,
Doch ihn schmückt noch höhre Zierde
Seine Präsidentenwürde.

Freilich Bürde ist sie auch,
Wohl geeignet Brust und Bauch
Sehr an Umfang zu vermindern
Und das Dicksein zu verhindern.
Und wie Schlangenringe hocken
Auf dem Haupt ihm seine Locken
Das erschreckt ein jeder glaubt,
Dies sei ein Medusenhaupt.

Stark und kraftvoll ist sein Wille
Aus der hornumsäumten Brille,
Die mit funkelnd hellem Glase
Halbwegs sitzt ihm auf der Nase,
Blickt vom Präsidentengestühle
Er herab ins Kampfgewühle –
Ach so oft gar wild entbrennt's
In dem Saal des Parlaments.

Mit besonders strengen Mienen
Schaut er auf zu den Tribünen.
Drohend hebt er seinen Finger,
Er des großen Lärms Bezwinger,
Wenn die wilden Wogen schäumen,
Kündet an er dort oben zu räumen,
Und die Ordnung in dem Hause,
Wahrt er ohne Kampfpause.

Nimmt er jeden an die Stränge,
Denn in seinem Amtsbereiche
Spielet mancher tolle Streiche,
Wie bei Busch der Max und Moritz,
Insbesondere der Herr Loritz,
Der ohne viel Berechtigung
Spricht vom Gesetz Ermächtigung.

Droben im Präsidium
Sitzt auch eine Frau herum
Und der Vorstand wird viel schöner
Durch das Walten der Frau Zehner,
Die wie eine Efeuranke
Ein versöhnender Gedanke,
Um des Präsidenten Sitze
Anlehnt sich als starke Stütze."

Gedicht auf CSU-Politiker (Auszüge)
Auch in Zeiten der Not behielten die ersten Nachkriegsparlamentarier ihren Sinn für Humor. Auf der Fraktionsweihnachtssitzung der CSU wurde ein Gedicht auf prominente Parteimitglieder vorgetragen. (20. 1. 1947, Bayerisches Hauptstaatsarchiv, München, NL Ehard 1242)

Vereidigung Ministerpräsident Ehards
Am 21. Dezember 1946 legte der neu gewählte Ministerpräsident Hans Ehard vor Landtagspräsident Michael Horlacher (beide CSU) den Amtseid auf die Bayerische Verfassung ab. (Neue Zeitung, 2. Jg., Nr. 104, 30. 12. 1946, Ludwig-Maximilians-Universität München, Bibliothek der Institute am Englischen Garten, Zeitungsarchiv)

Landtagspräsident Michael Horlacher
Beim Festakt zum Einzug des Bayerischen Landtags ins Maximilianeum spricht Landtagspräsident Michael Horlacher (CSU). (Foto, 11. 1. 1949, Bayerischer Landtag, München)

Landtagsausweis für Hans Ehard
Der spätere Ministerpräsident Hans Ehard erhielt am 16. Dezember 1946 von Landtagspräsident Michael Horlacher seinen Abgeordneten-Ausweis. (Bayerisches Hauptstaatsarchiv, München, NL Ehard 23)

Plenarsitzung des Bayerischen Landtags
Während einer Debatte im Bayerischen Landtag spricht der Justizminister und stellvertretende Ministerpräsident Josef Müller (CSU) zu den Abgeordneten. (Foto, Juli 1949, Haus der Bayerischen Geschichte, bp-2716.25.4)

Ein Parlament auf „Wanderschaft"

Opfer der massiven Kriegszerstörungen in München war auch das Landtagsgebäude in der Prannerstraße. Das ursprünglich als Studienstiftung errichtete Maximilianeum wurde aufgrund eines Ministerratsbeschlusses vom 5. Juni 1946 zum neuen Sitz des Parlaments ausgebaut. Da das Gebäude jedoch ebenfalls stark beschädigt war, musste der Landtag zunächst von einem Notquartier ins andere „wandern". Als Tagungsorte dienten die Aula der Universität, das Brunnenhoftheater der Residenz und der Sitzungssaal der Oberfinanzdirektion in München. Erst am 11. Januar 1949 erfolgte der Einzug ins Maximilianeum, in dem das Parlament bis heute tagt. Um einen modernen Parlamentsbetrieb zu ermöglichen, wurde das Gebäude mehrmals erweitert und umgebaut. Zuletzt wurde der völlig neu gestaltete Plenarsaal am 13. Dezember 2005 eingeweiht.

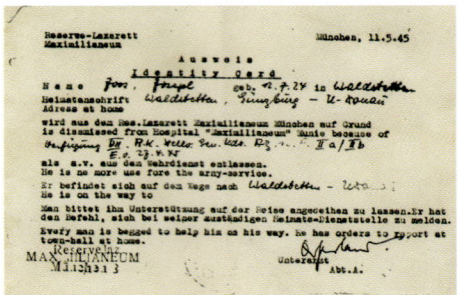

Das Maximilianeum als Reserve-Lazarett
Bei Kriegsende befand sich in dem weitgehend von Bomben zerstörten Maximilianeum ein Reserve-Lazarett. (Maschinenschrift, 11. 5. 1945, München, Privatbesitz)

Bauarbeiten im Plenarsaal des Maximilianeums
Bis der Landtag sein neues und dauerhaftes Quartier im Maximilianeum am 11. Januar 1949 beziehen konnte, waren umfangreiche Umbauten des Gebäudes nötig. (Foto, 1948/49, Bayerischer Landtag, München)

Eröffnung des Landtags in der Aula der Münchner Universität
In der notdürftig hergerichteten Aula der Münchner Universität hatte bereits die Verfassunggebende Landesversammlung von Juli bis Oktober 1946 getagt. (Foto, 16. 12. 1946, Bayerischer Landtag, München)

Außenansicht der zerstörten Münchner Universität
Das Hauptgebäude der Münchner Universität war durch Bombentreffer stark beschädigt worden. (Foto, 1946, Haus der Bayerischen Geschichte, bp-0202.2.6)

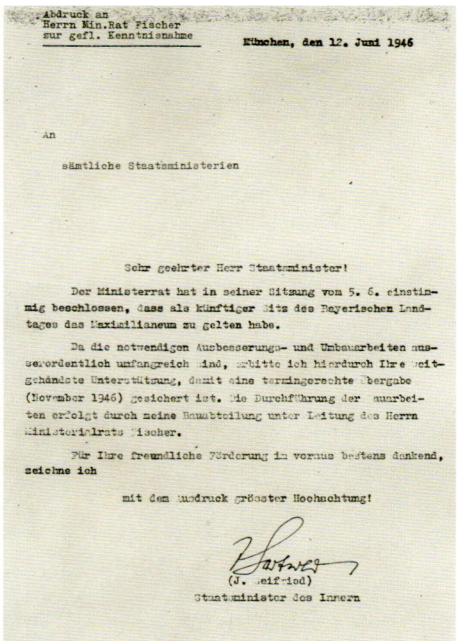

Das Maximilianeum wird Sitz des Landtags
Innenminister Josef Seifried informiert alle Staatsministerien über die Entscheidung des Ministerrats vom 5. Juni 1946, dass das Maximilianeum zum Sitz des Landtags ausgebaut wird. (Bayerisches Staatsministerium des Innern, Oberste Baubehörde, München)

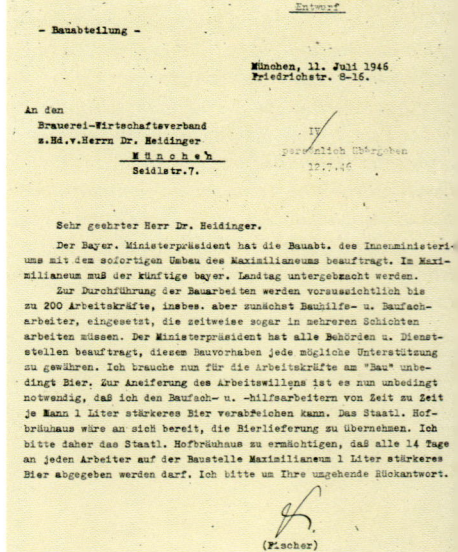

„Mehr Bier!"
In einem Schreiben der Bauverwaltung München an den Brauerei-Wirtschaftsverband wird „zur Aneiferung des Arbeitswillens" die Zuteilung von einem Liter Bier pro Mann und Tag für die Arbeitskräfte beim Ausbau des Maximilianeums gefordert. (11. 7. 1946, Bayerisches Staatsministerium des Innern, Oberste Baubehörde, München)

,Auf geht's!"
*Der Planwagen mit dem Landtagspräsidenten
Michael Horlacher bewegt sich auf den neuen
Tagungsort des Parlaments, das Münchner Maxi-
milianeum, zu. Dort residiert der Landtag bis
heute als Dauermieter der Studienstiftung.* (Kari-
katur, Werner Metz, Münchner Allgemeine, 1949,
Reproduktion, Bayerischer Landtag, München)

**Landtagssitzung im Brunnenhoftheater der
Münchner Residenz**
*Sein zweites Quartier fand der Landtag im
Brunnenhoftheater der Münchner Residenz.
Dort tagte er von Januar bis Mai 1947.* (Foto,
29. 1. 1947, Bayerischer Landtag, München)

**Landtagssitzung im Sitzungssaal der Ober-
finanzdirektion in München**
*Von Mai 1947 bis Dezember 1948 versammelte
sich der Landtag in der Oberfinanzdirektion
in München. Der Konzertsaal wurde zeitweise
auch von der US-Besatzungsmacht als Verhand-
lungsort des Militärgerichts verwendet.* (Foto,
23. 7. 1948, Haus der Bayerischen Geschichte,
bp-1997.1.1)

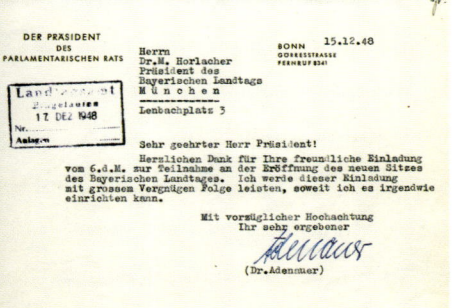

,Adenauer kommt!"
*Der Präsident des Parlamentarischen Rates und
spätere Bundeskanzler Konrad Adenauer sagt
seine Teilnahme an den Eröffnungsfeierlichkei-
ten im Maximilianeum zu.* (15. 12. 1948, Bayerischer Landtag, München)

Einzug des Landtags ins Maximilianeum
Anlieferung des Mobiliars des Landtags. (Foto,
Bobby Toll, 1949, Bayerischer Landtag, München)

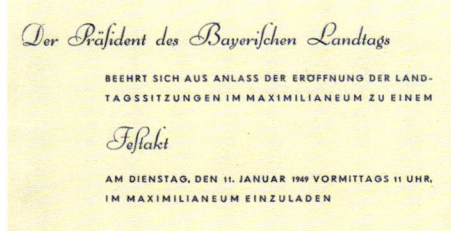

**Eröffnung der Landtagssitzungen im Maximi-
lianeum**
*Am 11. Januar 1949 bezog der Landtag sein
neues Domizil im Maximilianeum in München.
Dort hat er bis heute seinen Sitz.* (Einladungs-
karte, 1949, Bayerischer Landtag, München)

Schlüsselübergabe
*Der Direktor der US-Militärregierung Murray
D. van Wagoner überreichte zum Einzug ins
Maximilianeum den handgeschmiedeten gol-
denen Schlüssel an Landtagspräsident Michael
Horlacher.* (Foto, 11. 1. 1949, Bayerischer Landtag,
München)

Schlusssitzung des ersten Landtags
*Georg Stang, der Nachfolger Michael Horlachers
als Landtagspräsident, gab zum Abschluss der
ersten Sitzungsperiode einen Tätigkeitsbericht
des Parlaments.* (Foto, 20. 11. 1950, Bayerischer
Landtag, München)

Einweihung des umgebauten Plenarsaals
*Am 13. Dezember 2005 weihten Friedrich Kar-
dinal Wetter und Landesbischof Johannes Friedrich den neuen Sitzungssaal im Maximilianeum
ein.* (Foto, 13. 12. 2005, Bayerischer Landtag,
München)

Aufbauarbeit im Zeichen der Not

Der parlamentarische Neubeginn lief in Bayern unter schwierigen Bedingungen ab: Aufgrund der zerstörten Verkehrswege war die Reise nach München für viele Abgeordnete mit großen Hindernissen verbunden. Die Anfahrt in überfüllten und ungeheizten Zügen war beschwerlich. In München herrschte aufgrund der Kriegsschäden Mangel an intakten Versammlungsräumen. Im Winter froren die Parlamentarier, da es nicht genügend Heizmaterial gab und die Räume schlecht oder gar nicht isoliert waren. So nahmen viele Abgeordnete in umgenähten Uniformen oder langen Mänteln an den Sitzungen teil. Eigene Abgeordnetenbüros gab es ebenso wenig wie persönliche Mitarbeiter. Die Abgeordneten mussten alles selbst erledigen.

Schreibmaschine, Typ Stoewer Record, 1908
Auf Schreibmaschinen diesen Typs wurden nach dem Krieg die ersten Sitzungsprotokolle des Landtags ins Reine geschrieben.
(Bayerischer Landtag, München)

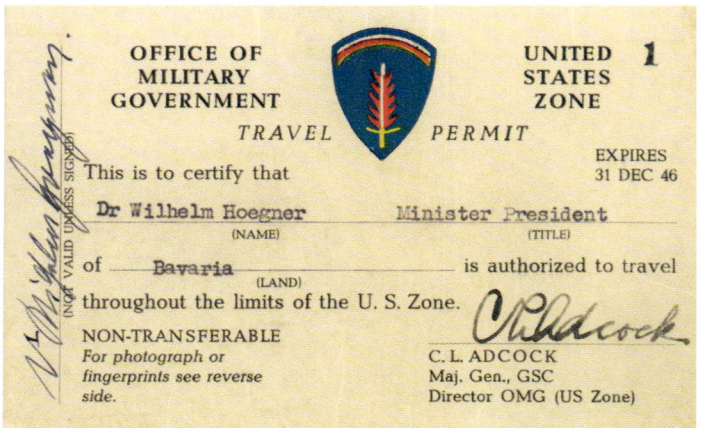

Reiseerlaubnis
Auch Ministerpräsident Wilhelm Hoegner benötigte für Reisen eine Erlaubnis der amerikanischen Militärregierung. (1946, Familie Hoegner, München)

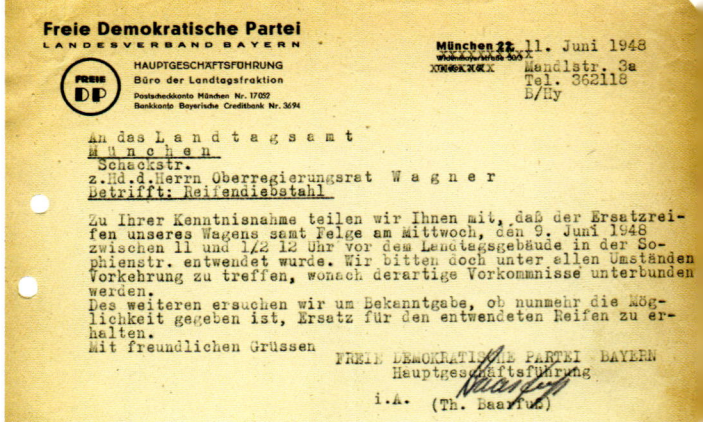

Reifendiebstahl
Einem FDP-Landtagsabgeordneten war vor dem Landtagsgebäude der Ersatzreifen seines Wagens gestohlen worden. Daraufhin bat die FDP-Landtagsfraktion das Landtagsamt, für besseren Schutz der Fahrzeuge der Abgeordneten zu sorgen. (11.6.1948, Bayerischer Landtag, München)

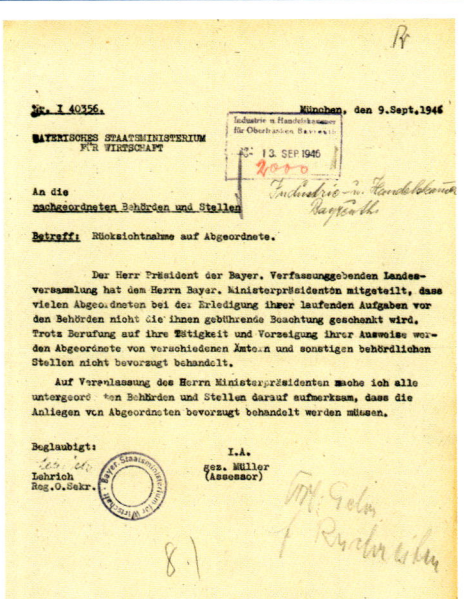

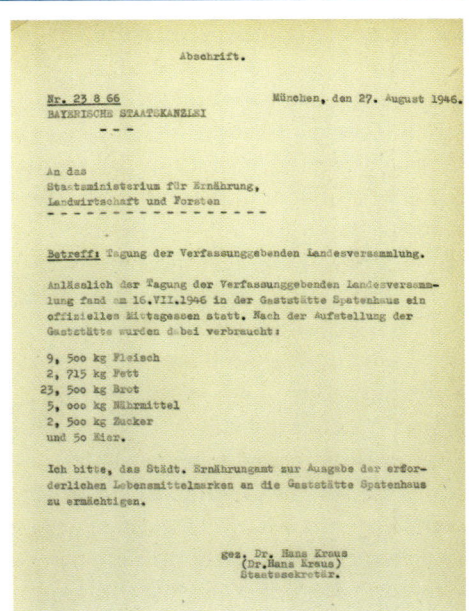

Autos der Abgeordneten im Brunnenhof der Münchner Residenz
Etwas weniger als ein Drittel der Parlamentarier verfügte über ein eigenes Auto. (Foto, 1947, Tino Walz, München)

Bevorzugte Behandlung von Abgeordneten!
Nach einer Beschwerde des Präsidenten der Verfassunggebenden Landesversammlung, Michael Horlacher, ordnete das Wirtschaftsministerium die bevorzugte Behandlung von Parlamentariern an. (9. 9. 1946, Bayerisches Wirtschaftsarchiv, München, K8/231)

52 Gramm Fleisch pro Abgeordneten
Für ein Mittagessen der Verfassunggebenden Landesversammlung am 16. Juli 1946 im Spatenhaus München wurden unter anderem 9,5 Kg Fleisch für 180 Personen zugeteilt. Das war etwa das Dreifache der durchschnittlichen Tagesration im damaligen Bayern. (Bayerisches Hauptstaatsarchiv, München, StK 10904)

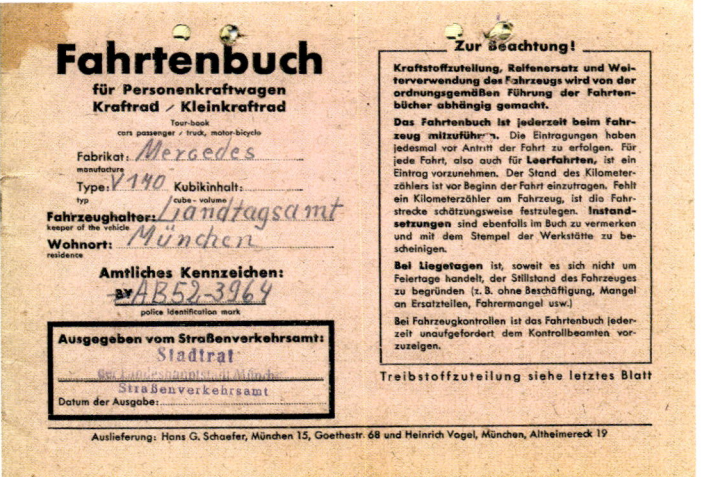

Fahrtenbuch für einen Mercedes V 170 des Landtagsamts
Mit diesem Mercedes unternahm Landtagspräsident Michael Horlacher seine Dienstfahrten. (1948/49, Bayerischer Landtag, München)

Benzinmarken für Landtagsabgeordnete
Da es an Brennstoff mangelte, waren Benzinmarken auch bei Abgeordneten sehr begehrt. (April–Juni 1949, Bayerischer Landtag, München)

Gesetzgebung und Kontrolle

Die zentrale Aufgabe eines demokratischen Parlaments ist die Gesetzgebung. Gesetzentwürfe können von den Landtagsabgeordneten und von der Staatsregierung sowie per Volksbegehren direkt von der Bevölkerung eingebracht werden. Gesetzentwürfe mit verfassungsändernder Wirkung bedürfen in Bayern der Zustimmung der wahlberechtigten Staatsbürger in einem Volksentscheid. Zwei Bereiche sind vom Volksentscheid ausgenommen: der Staatshaushalt sowie Verfassungsänderungen, „die dem demokratischen Grundgedanken der Verfassung widersprechen". Neben der Gesetzgebung bildet die Kontrolle von Staatsregierung und Verwaltung die wichtigste Funktion des Landtags. Das wirksamste Instrument hierzu sind die Untersuchungsausschüsse. Diese müssen auf Antrag eines Fünftels der Abgeordneten eingesetzt werden und haben den Gerichten vergleichbare Kompetenzen: z.B. Vorladung von Zeugen und Sachverständigen zur Beweisaufnahme. Von 1946 bis 2003 wurden im Bayerischen Landtag 51 Untersuchungsausschüsse eingesetzt.

Sitzung eines ständigen Ausschusses im Bayerischen Landtag
Für die Dauer der Wahlperiode eines Landtags werden ständige Fachausschüsse eingesetzt. Als Organe des Landtags haben sie die Aufgabe, Verhandlungen und Entscheidungen der Vollversammlung vorzubereiten. (Foto, Rolf Poss, Bayerischer Landtag, München)

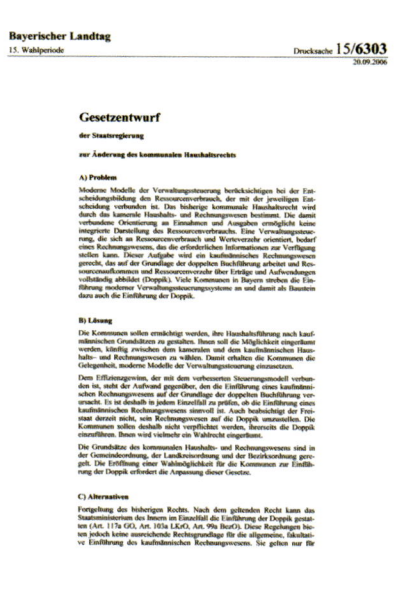

Gesetzentwurf der Staatsregierung
Die Bayerische Staatsregierung brachte am 20. September 2006 einen Gesetzentwurf zur Beratung und Beschlussfassung in den Landtag ein. (20. 9. 2006, Bayerischer Landtag, München)

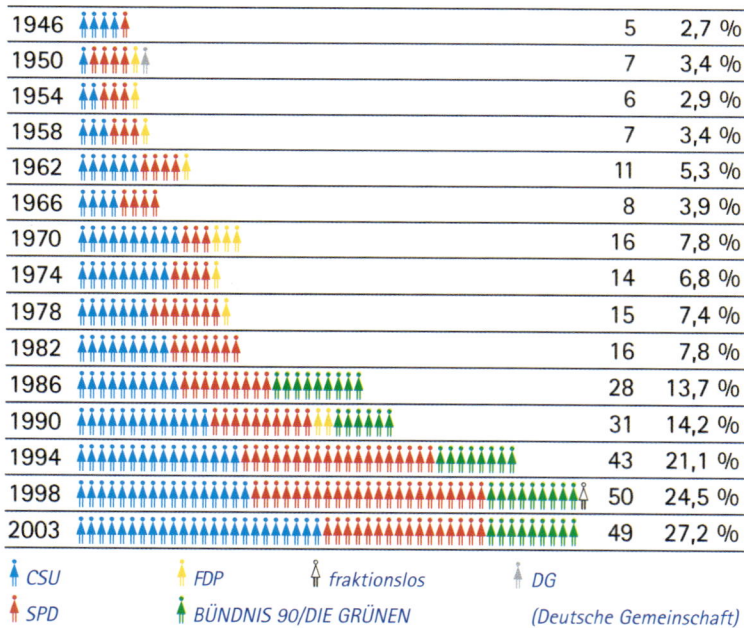

Jahr		Anzahl	Prozent
1946		5	2,7 %
1950		7	3,4 %
1954		6	2,9 %
1958		7	3,4 %
1962		11	5,3 %
1966		8	3,9 %
1970		16	7,8 %
1974		14	6,8 %
1978		15	7,4 %
1982		16	7,8 %
1986		28	13,7 %
1990		31	14,2 %
1994		43	21,1 %
1998		50	24,5 %
2003		49	27,2 %

CSU
SPD
FDP
BÜNDNIS 90/DIE GRÜNEN
fraktionslos
DG
(Deutsche Gemeinschaft)

Frauenanteil im Landtag
Der Anteil der weiblichen Abgeordneten im Bayerischen Landtag ist seit 1946 gestiegen. Im Verhältnis zur Fraktionsstärke stellen die Frauen bei den Grünen den höchsten Anteil an Landtagsmitgliedern. (Grafik, Bayerischer Landtag, München)

Weg der Gesetzgebung im Parlament
In der Demokratie gehört die Gesetzgebung zu den Kernfunktionen eines Parlaments. Jedoch erst durch die Unterschrift des Ministerpräsidenten und die Veröffentlichung im Bayerischen Gesetz- und Verordnungsblatt tritt ein Gesetz in Kraft. (Grafik, Bayerischer Landtag, München)

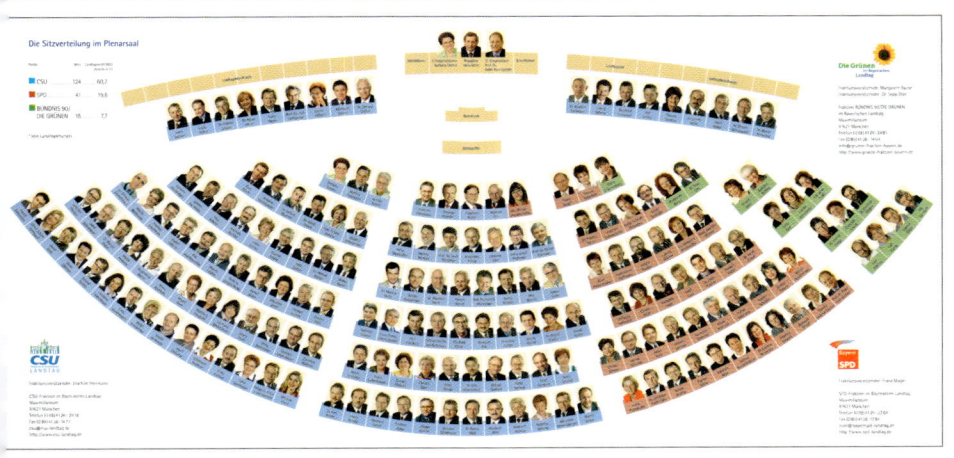

Sitzverteilung im aktuellen Landtag
*Dem Bayerischen Landtag gehören in der 15. Legislaturperiode (2003–2008)
180 Mitglieder an. Im Parlament sind drei Fraktionen vertreten: Die CSU stellt
124, die SPD 41 und die Grünen 15 Abgeordnete. (Grafik, Bayerischer Landtag,
München)*

Präsidenten des Bayerischen Landtags
*Seit 1946 standen neun Präsidenten an der Spitze des Bayerischen Landtags:
Michael Horlacher, Georg Stang, Alois Hundhammer, Hans Ehard, Rudolf
Hanauer, Franz Heubl, Wilhelm Vorndran, Johann Böhm und Alois Glück
(alle CSU). (Foto, Bayerischer Landtag, München)*

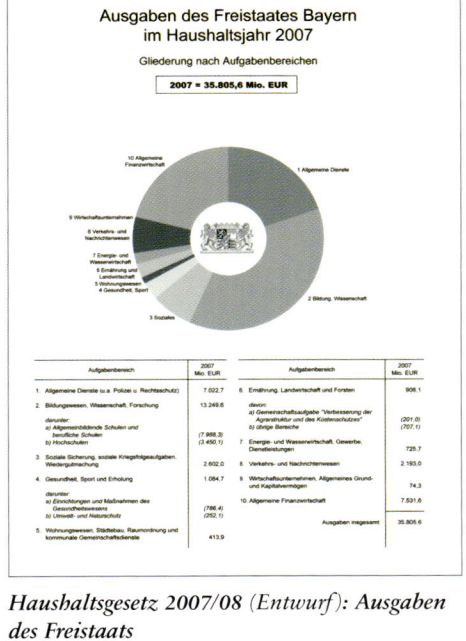

Haushaltsgesetz 2007/08 (Entwurf): **Ausgaben
des Freistaats**
*Das Recht, den Staatshaushalt festzulegen, ge-
hört zu den wichtigsten Kompetenzen des Parlaments. Der Haushalt wird von der Staatsregierung als Entwurf in den Landtag eingebracht.
Das Parlament entscheidet dann über die Verteilung der finanziellen Grundlagen für das
Wirken von Staatsregierung und Verwaltung.
(Bayerisches Staatsministerium der Finanzen,
München)*

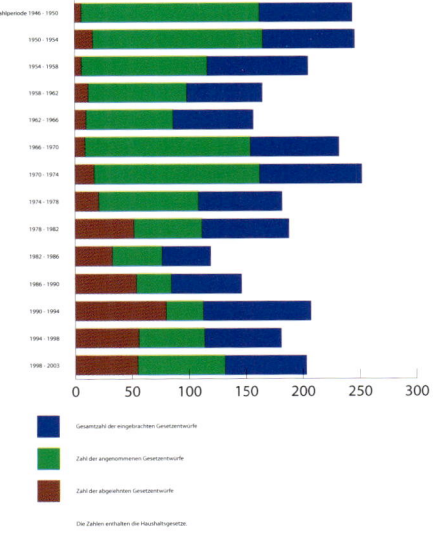

Gesetzentwürfe und Gesetzesverabschiedungen
(1946–2003)
*Von 1946 bis zum Ende der 14. Legislaturperio-
de 2003 wurden insgesamt 2727 Gesetzentwürfe in den Landtag eingebracht. 1678 von ihnen
wurden tatsächlich als Gesetze verabschiedet.
(Grafik, Haus der Bayerischen Geschichte)*

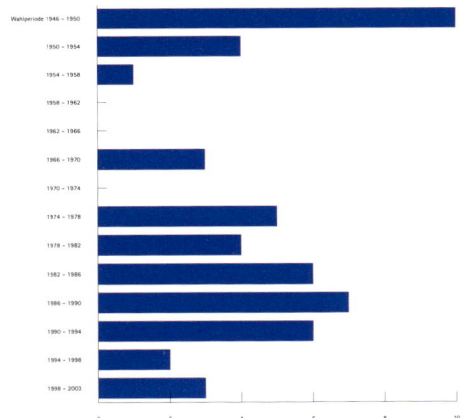

Untersuchungsausschüsse in Bayern seit 1946
*Untersuchungsausschüsse bilden eines der wich-
tigsten Mittel der parlamentarischen Kontrolle
gegenüber der Staatsregierung. Sie müssen auf
Antrag eines Fünftels der Abgeordneten eingesetzt werden. Naturgemäß wird dieses Instrument vor allem von der Opposition genutzt.
(Grafik, Haus der Bayerischen Geschichte)*

Abstimmung im Landtag
*Bei Abstimmungen im Landtag entscheidet
die Mehrheit der abgegebenen Stimmen. Für
die Form der Abstimmung gibt es mehrere
Möglichkeiten. Grundsätzlich wird über Bera-
tungsgegenstände in einfacher Form abgestimmt.
Am häufigsten ist dabei die Abstimmung durch
Handzeichen der Mitglieder des Landtags. Die
einfache Abstimmung kann aber auch durch
Aufstehen oder Sitzenbleiben erfolgen. Eine
Gegenprobe wird in allen Fällen vorgenommen.
Weitere Abstimmungsmöglichkeiten bilden die
namentliche Abstimmung und der so genannte
„Hammelsprung". (Foto, Bayerischer Landtag,
München)*

Die Zweite Kammer des Parlaments

Als Zweite Kammer des bayerischen Parlaments stand der Bayerische Senat in den über 50 Jahren seines Bestehens selten im Licht der Öffentlichkeit. Seine wesentliche Aufgabe war es, das gewählte Parlament und die Staatsregierung in der Gesetzgebung zu beraten. Über 1000 gutachtliche Stellungnahmen seit dem Beginn seiner Tätigkeit am 4. Dezember 1947 bis zu deren Ende am 14. Dezember 1999 beweisen dies eindrucksvoll. Die 60 gewählten Senatsmitglieder vertraten die sozialen, wirtschaftlichen, kulturellen und kommunalen Körperschaften des Landes und übten ihre Tätigkeit im Nebenamt aus. Am 8. Februar 1998 wurde der Senat durch Volksentscheid mit 69,2 Prozent der abgegebenen Stimmen abgeschafft. Dementsprechend wurde die Bayerische Verfassung per Gesetz vom 20. Februar 1998 geändert.

Ausschusssitzung des Bayerischen Senats
An einer Ausschusssitzung des Senats Ende der 1980er-Jahre nahm der damalige Staatsminister des Innern, Dr. Edmund Stoiber, teil. (Foto, Bayerischer Landtag, München)

Senatsglocke
Die Senatsglocke wurde von Senator Gustav Haydn aus Passau zum 25-jährigen Bestehen des Senats 1972 gestiftet. Mit ihr wurden die Plenarsitzungen eröffnet. Heute steht die Glocke auf dem so genannten „Präsidentenflur" im Maximilianeum. (Bayerisches Hauptstaatsarchiv, München, Bayerischer Senat, Bildarchiv Nr. 50)

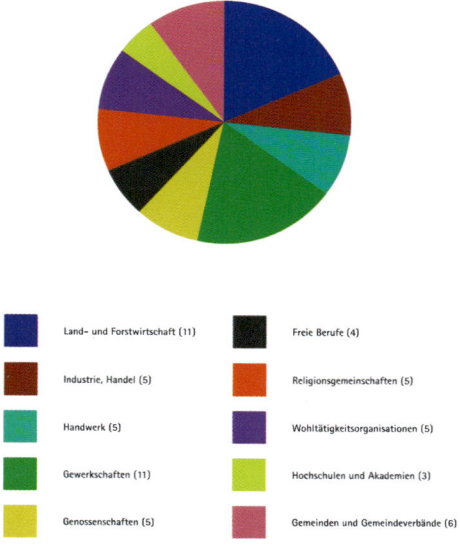

Land- und Forstwirtschaft (11)
Industrie, Handel (5)
Handwerk (5)
Gewerkschaften (11)
Genossenschaften (5)
Freie Berufe (4)
Religionsgemeinschaften (5)
Wohltätigkeitsorganisationen (5)
Hochschulen und Akademien (3)
Gemeinden und Gemeindeverbände (6)

Zusammensetzung des Senats
Die 60 Mitglieder des Bayerischen Senats vertraten die sozialen, wirtschaftlichen, kulturellen und kommunalen Körperschaften des Landes. (Grafik, Haus der Bayerischen Geschichte)

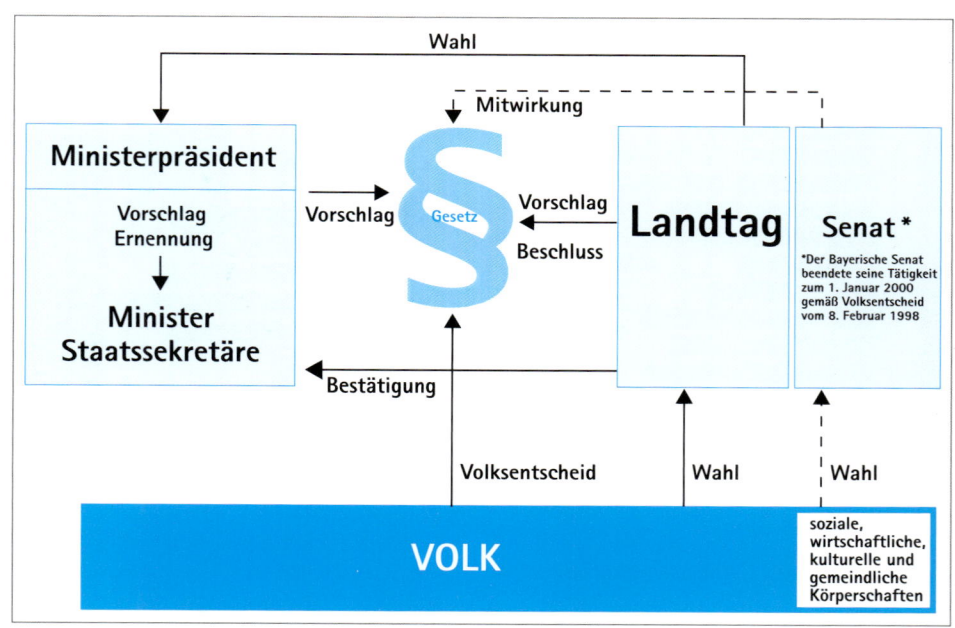

Gesetzgebung nach der Verfassung von 1946
Zu den Kernaufgaben des Senats gehörte die Beratung des Landtags und der Staatsregierung bei der Gesetzgebung. (Grafik, Bayerischer Landtag, München)

Die Präsidenten des Bayerischen Senats
Die Präsidenten des Bayerischen Senats 1946–1999 (v.l.n.r.): Josef Singer, Hippolyt Freiherr von Poschinger auf Frauenau, Hans Weiß, Walter Schmitt Glaeser und Heribert Thallmair.
Foto, Bayerischer Landtag, München)

Der erste Senat
Unter den 60 Mitgliedern des Senats waren zu Beginn nur zwei Frauen. Im Bild ist Franziska Fischer (1. Reihe Mitte) zu sehen. Sie war Vertreterin der Gruppe Land- und Forstwirtschaft.
Foto, 1951, Bayerisches Hauptstaatsarchiv, München, Bildersammlung 7704)

Eröffnungssitzung des Bayerischen Senats
Die erste Sitzung des Senats fand am 4. Dezember 1947 in der Aula der Universität München statt. Am Rednerpult steht der soeben zum ersten Senatspräsidenten gewählte Josef Singer.
(Foto, Bayerischer Landtag, München)

Plenarsitzung des Bayerischen Senats im Maximilianeum
Ähnlich wie der Bayerische Landtag war auch der Senat nach dem Krieg ein „Verfassungsorgan auf Wanderschaft". Seinen endgültigen Tagungsort fand er am 16. Februar 1949 im Maximilianeum in München. (Foto, 10. 1. 1950, Bayerisches Hauptstaatsarchiv, München, Bestand Bayerischer Senat, Bildarchiv Nr. 326)

Vor der letzten Senatssitzung
Am 14. Dezember 1999 fand die Abschlusssitzung des Bayerischen Senats statt. (Foto, Rolf Poss, Bayerisches Hauptstaatsarchiv, München, Bestand Bayerischer Senat, Bildarchiv)

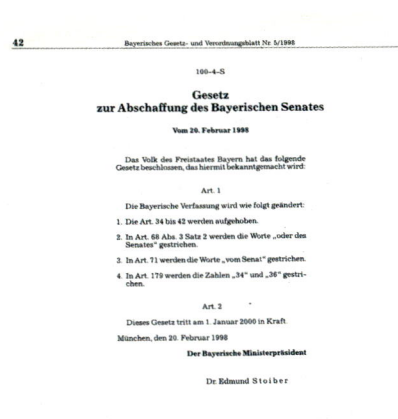

Gesetz zur Abschaffung des Bayerischen Senates
Durch Volksentscheid am 8. Februar 1998 wurde der Senat mit Wirkung zum 31. Dezember 1999 abgeschafft. (Bayerisches Gesetz- und Verordnungsblatt, Nr. 5, 1998, S. 42)

Bayern sagt Jein zum Grundgesetz

Als sich die Gründung der Bundes-republik Deutschland durch die drei Westmächte 1948 abzeichnete, versuchte Bayern unter Ministerpräsident Ehard eine möglichst föderalistische Verfassung durchzusetzen: Die Vertretung der Länder – der heutige Bundesrat – sollte ein starkes Gegengewicht zum Bundestag bilden. Ehard berief im August 1948 eine Verfassungskommission aus Experten der Länder nach Herrenchiemsee. Deren Vorschläge dienten dem Parlamentarischen Rat in Bonn als Anregungen für das Grundgesetz. Bayern erreichte jedoch in Bonn seine Ziele nur teilweise. Nach einer Marathon-Debatte im Landtag im Mai 1949 lehnten daher Abgeordnete der CSU und der WAV das Grundgesetz mit Stimmenmehrheit ab. SPD und FDP sprachen sich für das Grundgesetz aus. Obgleich Bayern damit als einziges Land gegen das Grundgesetz stimmte, wurde gleichzeitig dessen Gültigkeit auch für Bayern mit einer deutlichen Mehrheit anerkannt. Dadurch sind viele Artikel der Bayerischen Verfassung jetzt von Bundesrecht überlagert.

„Hinter dem weissblauen Vorhang"
Die im Verfassungsentwurf beabsichtigte baye-rische Staatsangehörigkeit war Gegenstand kritischer Kommentare. (Karikatur, Der Simpl. 1. Jg., H. 12, Oktober 1946, Ludwig-Maximilians-Universität München, Bibliothek der Institute am Englischen Garten, Zeitungsarchiv)

Teilnehmer des Verfassungskonvents auf Herrenchiemsee 1948
Die bescheiden als „Tätigkeitsbericht" zusam-mengefassten Ergebnisse des Konvents enthielten unter anderem den fast vollständigen Entwurf eines Grundgesetzes. (Bericht über den Verfas-sungskonvent auf Herrenchiemsee, S. 2)

Mitwirkende des Verfassungs-konvents auf Herrenchiemsee Im August 1948 tagte auf Initiative Bayerns eine Exper-tenkommission aus den Län-dern der Trizone, um einen Entwurf für die Verfassung des neuen Weststaates zu erstellen. (Gedenkblatt, 1948, Bayerisches Hauptstaatsarchiv, München, NL Ehard 1154)

Eröffnung des Verfassungskonvents durch Anton Pfeiffer
Die Beratungen auf Herrenchiemsee wurden vom Chef der Bayerischen Staatskanzlei, Anton Pfeiffer, geleitet. (Foto, 10. 8. 1948, Süddeutscher Verlag, Bilderdienst, München, 00027766)

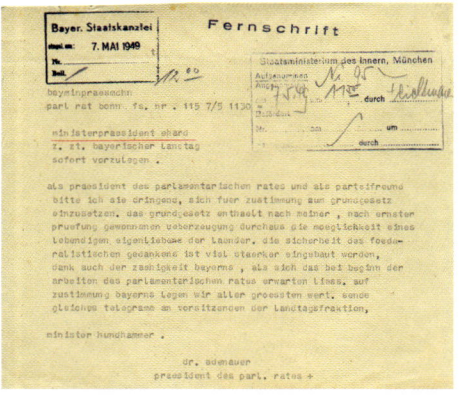

Debatte um das Grundgesetz im Bayerischen Landtag
Der Landtag lehnte das Grundgesetz ab. Die Entscheidung fiel nach 15-stündiger hitziger Debatte in den frühen Morgenstunden des 20. Mai 1949 mit 101 gegen 63 Stimmen und neun Enthaltungen. Die Rechtsverbindlichkeit des Grundgesetzes wurde jedoch gleichzeitig mit breiter Mehrheit anerkannt. (Foto, 19.5.1949, Bayerischer Landtag, München)

Fernschreiben Konrad Adenauers an Ministerpräsident Hans Ehard
Der Präsident des Parlamentarischen Rats, Konrad Adenauer, bittet Ehard, sich im Bayerischen Landtag für die Annahme des Grundgesetzes einzusetzen, da er eine Ablehnung befürchtet.
(7.5.1949, Bayerisches Hauptstaatsarchiv, München NL Ehard 1173)

Forderungen der Bayernpartei
Im Zeichen des bayerischen Löwen lehnt die Bayernpartei die Schaffung einer Verfassung für die Westzonen ab. Ferner fordert sie die "Selbständigkeit des bayerischen Staates" und die "Entpreußung Bayerns". (Plakat, 1948, Ströer, Deutsche Städte Medien GmbH, München, Plakatsammlung)

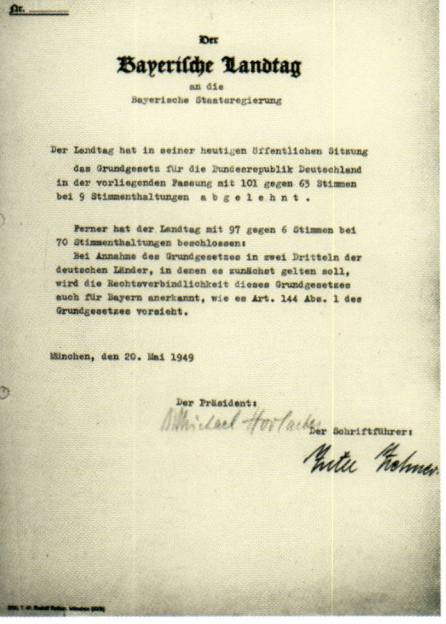

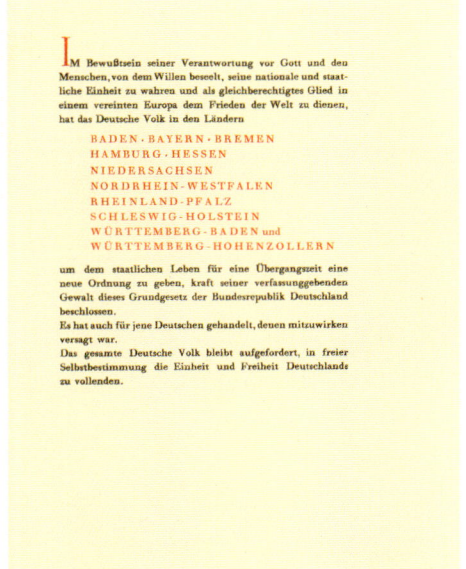

Festakt zur Unterzeichnung des Grundgesetzes
Am 8. Mai 1949 hatte der Parlamentarische Rat mit 53 gegen 12 Stimmen das Grundgesetz beschlossen. Nach Billigung durch die Besatzungsmächte und die Länderparlamente (mit Ausnahme Bayerns) wurde das Grundgesetz am 23. Mai 1949 in Bonn feierlich unterzeichnet.
(Foto, 23.5.1949, Bayerisches Hauptstaatsarchiv, München, Bildersammlung 238)

Abstimmungsergebnis
Landtagspräsident Michael Horlacher teilt der Bayerischen Staatskanzlei das Abstimmungsergebnis der Landtagsdebatte über das Grundgesetz mit. (20.5.1949, Bayerischer Landtag, München)

Präambel des Grundgesetzes
In der Präambel wurde der deutsche Wunsch nach Frieden und Einheit betont. Erst durch die Wiedervereinigung von 1990 verlor das Grundgesetz seinen Übergangscharakter. (Faksimile, Bayerisches Hauptstaatsarchiv, München, NL Pfeiffer 239a)

Einheit in Vielfalt

Nach dem Zusammenbruch von 1945 lag der politische Neuaufbau in den Händen der von den Siegermächten eingesetzten Länderregierungen. Bayern engagierte sich für eine ausgeprägt föderale Staatsordnung mit dem Ziel der weitgehenden Sicherung bayerischer Eigenständigkeit sowie einer Gewaltenteilung zwischen Bund und Ländern. Zur Stärkung des deutschen Föderalismus hat Bayern wiederholt maßgebliche Reformen angeregt. In einer gemeinsamen Föderalismuskommission erarbeiteten Bundestag und Bundesrat eine Reform, die 2006 in Kraft getreten ist. Die Zuständigkeiten von Bund und Ländern wurden entflochten und die Rechte der Länderparlamente gestärkt. Gemäß seinen Vorstellungen von der „Einheit in Vielfalt" gelang es Bayern 1992 im Vertrag über die Gründung der Europäischen Union, die Stärkung föderaler Strukturen in Europa festzuschreiben. Dennoch muss der Bayerische Landtag seine Position als Gesetzgeber gegenüber Zentralisierungsbestrebungen der EU häufig verteidigen.

Bayerische Vertretung in Berlin
Die Bayerische Vertretung ist eine Art Botschaft Bayerns beim Bund. Sie vertritt die Interessen des Freistaats gegenüber dem Bund und den anderen Ländern. (Foto, Bayerische Vertretung in Berlin)

Bayerische Vertretung in Brüssel
Seit Juli 2004 residiert die Bayerische Vertretung beim Sitz der Europäischen Union in Brüssel im ehemaligen Institut Pasteur. Eine eigene bayerische Vertretung ermöglicht mehr Einflussnahme auf die Europapolitik sowie eine bessere und schnellere Information der Bayerischen Staatsregierung. (Foto, Bayerische Staatskanzlei, München)

„Lieber bayrisch sterb'n, als wie preußisch verderb'n!"
Max Radler zielt mit seiner Karikatur auf die Betonung der bayerischen Eigenständigkeit im gerade diskutierten Verfassungsentwurf. Symbol dieses Anspruchs war die geplante Schaffung des Amtes eines bayerischen Staatspräsidenten. Wilhelm Hoegner, der dieses Amt selbst anstrebte, wird als bayerischer Ersatzkönig von einem übermächtigen preußischen Bären bedroht. (Karikatur, Der Simpl, 1. Jg., H. 11, Sept. 1946, S. 128, Ludwig-Maximilians-Universität München, Bibliothek der Institute am Englischen Garten, Zeitungsarchiv)

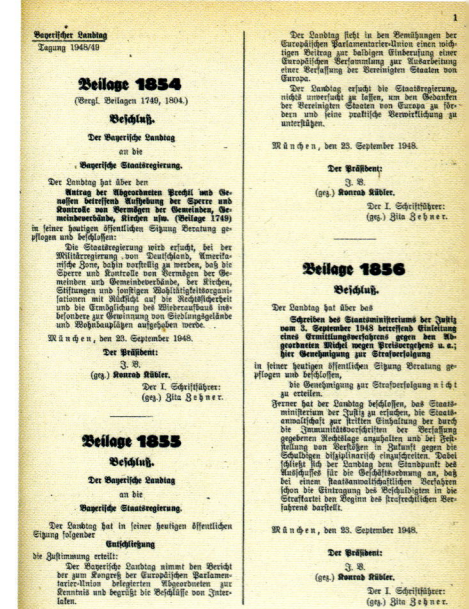

Landtagsbeschluss zur Schaffung eines vereinten Europas
Schon 1948 sprach sich der Bayerische Landtag für die Einberufung einer europäischen Versammlung und die Ausarbeitung einer Verfassung der Vereinigten Staaten von Europa aus. (23. 9. 1948, Bayerischer Landtag München)

Albert Deß, CSU | Markus Ferber, CSU | Ingo Friedrich, CSU | Lissy Gröner, SPD | Wolfgang Kreissl-Dörfler, SPD | Angelika Niebler, CSU | Bernd Posselt, CSU | Alexander Radwan, CSU | Gabriele Stauner, CSU | Manfred Weber, CSU | Anja Weisgerber, CSU

Bayerische Abgeordnete des Europäischen Parlaments
Die 732 Mitglieder des Europäischen Parlaments in Straßburg werden auf fünf Jahre gewählt. Bayern stellt derzeit elf Abgeordnete (CSU: 9, SPD: 2). (Fotos, Europäisches Parlament)

Eröffnungssitzung der Bundesstaatskommission zur Föderalismusreform
Bei der so genannten Föderalismusreform übernahm der Präsident des Bayerischen Landtags, Alois Glück, die Funktion als Sprecher der Landtagsbank. (Foto, 7. 1. 2003, Deutscher Bundesrat, Berlin)

Gesetz zur Föderalismusreform
Unter dem Vorsitz des Bayerischen Ministerpräsidenten Edmund Stoiber und des damaligen Vorsitzenden der SPD-Bundestagsfraktion, Franz Müntefering, erarbeitete die Föderalismus-Kommission einen Entwurf zur Änderung des Grundgesetzes. Durch dieses Gesetz sinkt die Zahl der Gesetze, denen der Bundesrat zustimmen muss, von rund 60 auf etwa 35 bis 40 Prozent. Seit dem Bestehen des Grundgesetzes ist dies die umfangreichste Änderung. Ausschließliche Gesetzgebungskompetenz haben die Länder nunmehr unter anderem für die Bereiche Beamtenrecht, Strafvollzug, Ladenschluss sowie Versammlungs- und Presserecht. (Bundesgesetzblatt, Jg. 2006, Teil I, Nr. 41, 31. 8. 2006, S. 2034)

Europa der Regionen
Im Vertrag von Maastricht wurde 1992 auf bayerische Initiative hin die Einrichtung des Ausschusses der Regionen festgelegt. Es handelt sich dabei um eine Art Bundesrat auf europäischer Ebene mit derzeit 317 Mitgliedern, der die EU in der Gesetzgebung berät. Damit werden Entscheidungen auch auf europäischer Ebene bürgernah gefällt. (Karte, Haus der Bayerischen Geschichte)

Schleswig-Holstein 600
Mecklenburg-Vorpommern 197
Hamburg 919
Bremen 173
Niedersachsen 2 738
Brandenburg 311
Berlin 866
Nordrhein-Westfalen 8 151
Sachsen-Anhalt 366
Sachsen 847
Hessen 3 402
Thüringen 703
Rheinland-Pfalz 2 218
Saarland 360
Baden-Württemberg 12 828
Bayern 13 688

Patentanmeldungen im Bundesvergleich (2005)
Seit dem 1. Oktober 1949 hat das Deutsche Patent- und Markenamt seinen Sitz in München. 2005 kamen die meisten Patentanmeldungen deutschlandweit aus Bayern (13 688). (Karte, Deutsches Patent- und Markenamt, München)

Bocksbeutel
Der Bocksbeutel ist die typische Flaschenform für Frankenwein. Im so genannten Bocksbeutelstreit erkannte der Europäische Gerichtshof 1983 den Markenschutz für diesen Flaschentyp ab. (Foto, Bayerischer Landtag München)

Ausgewählte Literatur

BALKE, HILDE, Die Präsidenten des Bayerischen Landtags von 1946 bis 1994, München 2001.

BALKE, HILDE, Sie waren die Ersten... Frauen im Bayerischen Landtag nach 1945, München o.J.

BENZ, WOLFGANG (Hg.), Neuanfang in Bayern 1945–1949. Politik und Gesellschaft in der Nachkriegszeit, München, 1988.

BENZ, WOLFGANG, Von der Besatzungsherrschaft zur Bundesrepublik. Stationen einer Staatsgründung 1946-1949, Frankfurt a.M. 1984.

BIRKE, ADOLF, Die aufgezwungene Demokratie? Zur Verfassungspolitik in den westlichen Besatzungszonen, in: Heideking, Jürgen (Hg.), Wege in die Zeitgeschichte. Festschrift für Gerhard Schulz, Berlin u. New York 1989, S. 151–164.

BOENKE, SUSAN/ZWEHL, KONRAD VON (Hg.), „Angesichts des Trümmerfeldes…" Begleitheft zur Ausstellung anläßlich des 40. Jahrestages der Bayerischen Verfassung, Würzburg o.J. (1986)

CLAY, LUCIUS, Entscheidung in Deutschland, Frankfurt a.M. 1950.

FAIT, BARBARA, Auf Befehl der Besatzungsmacht? Der Weg zur Bayerischen Verfassung, in: BENZ, WOLFGANG (Hg.), Neuanfang in Bayern 1945 bis 1949, München 1988, S. 36–63.

FAIT, BARBARA/MINTZEL, ALF (Hg.), Die CSU 1945–1948. Protokolle und Materialien zur Frühgeschichte der Christlich-Sozialen Union, 3 Bde., München 1993.

FAIT, BARBARA, Demokratische Erneuerung unter dem Sternenbanner. Amerikanische Kontrolle und Verfassunggebung in Bayern 1946, Düsseldorf 1998.

FAIT, BARBARA, „In einer Atmosphäre von Freiheit". Die Rolle der Amerikaner bei der Verfassungsgebung in den Ländern der US-Zone, in: Vierteljahrshefte für Zeitgeschichte 33 (1985), S. 420–455.

GALLWAS, HANS ULRICH, Die Verfassungsentwicklung in Bayern von 1946–1996, in: MÄRZ, PETER (Red.), 50 Jahre Bayerische Verfassung. Entstehung, Bilanz, Perspektiven (Bayerische Landeszentrale für politische Bildungsarbeit, D 42), S. 166–183.

GELBERG, KARL-ULRICH, Hans Ehard. Die föderalistische Politik des bayerischen Ministerpräsidenten 1946–1954, Düsseldorf 1992.

GELBERG, KARL-ULRICH (Bearb.), Das Kabinett Hoegner I. 28. September 1945 bis 21. Dezember 1946, Bd. 1, München 1997.

GELBERG, KARL-ULRICH, Die Protokolle der SPD-Fraktion in der Bayerischen Verfassunggebenden Landesversammlung 1946, in: ZBLG 60 (1997), S. 1051–1093.

GELBERG, KARL-ULRICH (Einleitung und Kommentar), Die Protokolle des Vorbereitenden Verfassungsausschusses in Bayern 1946, München 2004.

GELBERG, KARL-ULRICH (Bearb.), Quellen zur politischen Geschichte Bayerns in der Nachkriegszeit, Bd. I (1944–1957) (Bayerische Landeszentrale für politische Bildungsarbeit A 112), München 2002.

GELBERG, KARL-ULRICH, Vom Kriegsende bis zum Ausgang der Ära Goppel (1946–1978), in: Handbuch der Bayerischen Geschichte, Bd. IV/1, begr. von MAX SPINDLER, neu hg. von ALOIS SCHMID, 2. völlig neu bearbeitete Aufl. ,München 2003, S. 635–956.

HANEKE, BURKHARD, Geschichte einer Volkspartei. 50 Jahre CSU 1945–1995, hg. von der Hanns-Seidel-Stiftung, Grünwald 1995.

HENKE, KLAUS-DIETMAR, Die amerikanische Besetzung Deutschlands (Quellen und Darstellungen zur Zeitgeschichte, 27), München ²1996.

HEYDENREUTHER, REINHARD, Das Werden der Bamberger Verfassung, in: WAGENHÖFER, WERNER/ZINK, ROBERT (Hg.), Räterepublik oder parlamentarische Demokratie. Die „Bamberger" Verfassung 1919, Ausstellungskatalog, Bamberg 1999, S. 115–133.

HOEGNER, WILHELM, Lehrbuch des Bayerischen Verfassungsrechts, München 1949.

HOEGNER, WILHELM, Der schwierige Außenseiter. Erinnerungen eines Abgeordneten, Emigranten und Ministerpräsidenten, Hof 1975.

KOCK, PETER JAKOB, Bayerns Weg in die Bundesrepublik (Studien zur Zeitgeschichte 22), Stuttgart 1983.

KOCK, PETER JAKOB, Der Bayerische Landtag. Eine Chronik, München 2006.

KÖRNER, HANS-MICHAEL (Hg.), Große Bayerische Biographische Enzyklopädie, 3 Bde., München 2005.

KRIEGER, WOLFGANG, General Lucius D. Clay und die amerikanische Deutschlandpolitik 1945–1949, Stuttgart 1988.

KRITZER, PETER, Bayern ist fortan ein Freistaat. Stationen bayerischer Verfassungsgeschichte von 1803 bis 1946, Rosenheim 1992.

KRITZER, PETER, Wilhelm Hoegner. Politische Biographie eines bayerischen Sozialdemokraten, München 1979.

LANZINNER, MAXIMILIAN, Zwischen Sternenbanner und Bundesadler. Bayern im Wiederaufbau 1945–1958, Regensburg 1996.

MÄRZ, PETER (Red.), 50 Jahre Bayerische Verfassung. Entstehung, Bilanz, Perspektiven, München 1996.

MEHRINGER, HARTMUT (Hg.), Von der Klassenbewegung zur Volkspartei. Wegmarken der bayerischen Sozialdemokratie 1892–1992, München u.a. 1992.

MEHRINGER, HARTMUT, Waldemar von Knoeringen. Eine politische Biographie. Der Weg vom revolutionären Sozialismus zur sozialen Demokratie, München 1989.

MÖCKL, KARL, Die Geschichte der politischen Repräsentation des Volkes in Bayern, in: BOCKLET, REINHOLD (Hg.), Das Regierungssystem des Freistaates Bayern, Bd. 1, München 1977, S. 29–51.

OBERREUTER, HEINRICH, Von der Kapitulation zur Gründung der Bundesrepublik. Verfassungspolitische Grundlinien, in: BECKER, WINFRIED (Hg.), Die Kapitulation von 1945 und der Neubeginn in Deutschland, Köln 1987, S. 377–395.

PFETSCH, FRANK, Verfassungsreden und Verfassungsentwürfe. Länderverfassungen 1946–1953, Frankfurt a.M. u.a. 1986.

RAUSCH, HEINZ, Der Bayerische Landtag in Verfassung und politischem Prozeß, in: BOCKLET, REINHOLD (Hg.), Das Regierungssystem des Freistaates Bayern, Bd. 1, München 1977, S. 81–129.

SÄCKER, HORST, Der Bayerische Verfassungsgerichtshof. Hüter der Bayerischen Verfassung, in: BOCKLET, REINHOLD (Hg.), Das Regierungssystem des Freistaates Bayern, Bd. 2, München 1979, S. 447–457.

SCHLEMMER, THOMAS, Die Amerikaner in Bayern, in: OBERREUTER, HEINRICH/WEBER, JÜRGEN (Hg.), Freundliche Feinde? Die Alliierten und die Demokratiegründung in Deutschland, München u.a. 1996, S. 67–99.

SCHMIDT, EDUARD, Staatsgründung und Verfassunggebung in Bayern. Die Entstehung der Bayerischen Verfassung vom 8. Dezember 1946, 2 Bde., München 1997.

SCHMIDT, RAINER, Zur Verfassung des Freistaates Bayern, in: BOCKLET, REINHOLD (Hg.), Das Regierungssystem des Freistaates Bayern, Bd. 2, München 1979, S. 79–107.

SCHMÖGER, HELGA (Bearbeiterin), Der Bayerische Senat. Biographisch-statistisches Handbuch 1947–1997, Düsseldorf 1998.

Stenographischer Bericht über die Verhandlungen der Bayerischen Verfassunggebenden Landesversammlung, München o.J. [1946].

Stenographische Berichte über die Verhandlungen des Verfassungs-Ausschusses der Bayerischen Verfassunggebenden Landesversammlung, 1.–37. Sitzung (16. 7.–13. 11. 1946), 3 Bde. München 1947/48.

WEISZ, CHRISTOPH (Hg.), OMGUS Handbuch. Die amerikanische Militärregierung in Deutschland 1945–1949, München 1994.

WENGST, UDO, Thomas Dehler 1897–1967. Eine politische Biographie, München 1997.

WERNER, EMIL, Im Dienst der Demokratie. Die bayerische Sozialdemokratie nach der Wiedergründung 1945, München 1982.

WOLLER, HANS, Die Loritz-Partei. Geschichte, Struktur und Politik der Wirtschaftlichen Aufbau-Vereinigung (WAV) 1945–1955, Stuttgart 1982.

ZACHER, HANS F., Hans Nawiasky und das bayerische Verfassungsrecht, in: BAYERISCHER VERFASSUNGSGERICHTSHOF (Hg.), Verfassung als Verantwortung und Verpflichtung. Festschrift zum 50-jährigen Bestehen des Bayerischen Verfassungsgerichtshofs, München 1997, S. 307–326.

ZIEGLER, WALTER (Hg.), Der Bayerische Landtag vom Spätmittelalter bis zur Gegenwart. Probleme und Desiderate der Forschung, München 1995.

ZIMMER, ANNETTE, Demokratiegründung und Verfassunggebung in Bayern. Die Entstehung der Verfassung des Freistaates Bayern von 1946, Frankfurt a.M. u.a. 1987.

Publikationen zum Thema aus dem Haus der Bayerischen Geschichte

Geschichte des Bayerischen Parlaments 1819–2003

Herausgegeben vom Haus der Bayerischen Geschichte in Zusammenarbeit mit dem Landtagsamt des Bayerischen Landtags, München; Projektleitung: Dr. Michael Henker; Entwicklung und Realisation: Helmut Grabendörfer, Hans-Peter Veit, € 12,– (+ Versandkosten)

Bayern blickt auf eine über tausendjährige Geschichte zurück. Seit dem späten Mittelalter gab es Vorformen des Parlamentarismus, die Verfassung von 1818 garantierte bereits eine Volksvertretung. Diese Traditionen prägen den Bayerischen Landtag bis heute und sind ein wesentlicher Aspekt des bayerischen Selbstverständnisses. Die Geschichte des bayerischen Parlamentarismus von 1819 bis 2003 zeichnet die CD-ROM fundiert und detailreich nach. Sie bietet:

- eine systematische Darstellung von Bedeutung und Funktionsweise des Landtags
- eine reich bebilderte chronologische Übersicht
- Beschreibung jeder einzelnen Legislaturperiode
- alle wichtigen Gesetzgebungsvorhaben
- eine Personaldatenbank mit 4402 Biografien der Abgeordneten, Kabinettsmitglieder und Senatoren
- Abbildungen aller Tagungsorte des bayerischen Parlaments
- ca. 5000 Abbildungen, Video- und Tondokumente
- zahlreiche Originalquellen als Abschrift oder Faksimile

Auf dem Weg zum Grundgesetz

Hefte zur Bayerischen Geschichte und Kultur 21/98. Mit einem Beitrag von Barbara Fait: Potsdam – Herrenchiemsee – Bonn. Aspekte der politischen, gesellschaftlichen und staatlichen Entwicklung 1945–1948, Augsburg 1998, ISBN 3-927233-62-5, 64 S. mit zahlreichen Abb., € 5,– (+ Versandkosten)

Das Heft bildet zugleich den Katalog zu der 1998 eröffneten Dauerausstellung „Stationen deutscher Nachkriegsgeschichte. Verfassungskonvent Herrenchiemsee 1948", die anlässlich des 50-jährigen Jubiläums des Inkrafttretens des deutschen Grundgesetzes in Schloss Herrenchiemsee eröffnet wurde. Das Grundgesetz wurde zwar in Bonn verabschiedet, seine Wiege aber hat es in Bayern, wo auf Anregung des bayerischen Ministerpräsidenten Hans Ehard ein Verfassungskonvent aus Fachleuten einberufen worden war, der die Grundsätze einer provisorischen Verfassung für Deutschland erarbeiten sollte.
Vom 10. bis zum 25. August 1948 waren die Verfassungsexperten der deutschen Länder im Alten Schloss auf der Insel Herrenchiemsee zusammengekommen. Sie legten einen Bericht vor, der schon den Entwurf eines Grundgesetzes beinhaltet. Das Heft enthält neben einem weit ausgreifenden Beitrag von Barbara Fait eine Darstellung des historischen Orts dieser für die deutsche Nachkriegsordnung so wichtigen Zusammenkunft. Den Abschluss bildet eine Dokumentation zum Verfassungskonvent Herrenchiemsee mit zahlreichen Quellenauszügen.

Föderalismus in Deutschland – Stationen – Schlaglichter – Strukturen

Herausgegeben vom Haus der Bayerischen Geschichte in Zusammenarbeit mit der Bayerischen Landeszentrale für politische Bildungsarbeit; Konzeption und Redaktion: Manfred Treml, Christoph Henzler, Sabine Rinberger, Oliver Zeidler; Produktion und Gestaltung: XYZ-Mediendesign, Regensburg, € 4,50 (+ Versandkosten)

Am 23. Mai 1999 feierte das Grundgesetz der Bundesrepublik Deutschland sein 50-jähriges Bestehen. Aus diesem Anlass entstand die CD-ROM mit umfangreichen Bild-, Ton- und Filmdokumenten. Sie zeigen die „Stationen" auf dem Weg zum Grundgesetz, werfen „Schlaglichter" auf einzelne Aspekte des bundesdeutschen Föderalismus und erläutern schließlich „Strukturen" dieser auch die aktuelle Europa-Debatte immer wieder bestimmenden Grundordnung. Neben dem dokumentarischen Material erlauben spielerische Elemente einen leichteren Zugang zu dem spröde erscheinenden Thema. Ein Archiv enthält Volltextversionen sowie eine Auswahl relevanter Gesetzestexte, Dokumente, Zeitungsartikel, wissenschaftlicher Aufsätze. Schnittstellen zum Internet erleichtern die weiterführende Recherche, ebenso eine umfangreiche Bibliografie.

Angesichts des Trümmerfeldes …

Herausgegeben von Konrad von Zwehl und Susan Boenke. Mit einem Beitrag von Barbara Fait: Der Weg zur Bayerischen Verfassung (Veröffentlichungen zur Bayerischen Geschichte und Kultur 13/86), ISBN 3-9801342-1-0, 240 S., € 5,– (+ Versandkosten)

Der Begleitband entstand zur Wanderausstellung, die anlässlich des 40. Jahrestages der Bayerischen Verfassung in 39 Orten in ganz Bayern gezeigt wurde. Die ersten Worte der Bayerischen Verfassung rufen das „Trümmerfeld" in Erinnerung, zu dem „eine Staats- und Gesellschaftsordnung ohne Gott, ohne Gewissen und ohne Achtung vor der Würde des Menschen" geführt hat. Im Mittelpunkt des Katalogs steht der Neubeginn des politischen Lebens in Bayern. Neben der Darstellung der Rahmenbedingungen – Wohnungsnot, Ernährungsmangel, Aufnahme der Flüchtlinge und Vertriebenen, Zwangsbewirtschaftung – ist jedes Kapitel mit Quellenauszügen dokumentiert.

Bestelladresse: Haus der Bayerischen Geschichte, Halderstraße 21, 86150 Augsburg, Tel. 08 21/32 95-0, Fax 08 21/32 95-2 20, E-Mail: poststelle@hdbg.bayern.de; online: www.hdbg.de